내 인생을 바꾼 한마디

내 인생을 바꾼
한마디

장영희, 최인호, 박경철
안성기, 황주리 외 지음

샘터

가끔은 아주 가끔은
내가 나를 위로할 필요가 있네

큰일 아닌데도
세상이 끝난 것 같은
죽음을 맛볼 때

남에겐 채 드러나지 않은
나의 허물과 약점들이
나를 잠 못 들게 하고

누구에게도 얼굴을
보이고 싶지 않은 부끄러움에
문 닫고 숨고 싶은 때

괜찮아 괜찮아
힘을 내라구
이제부터 잘하면 되잖아

_ 이해인, 「나를 위로하는 날」 중에서

| 차례 |

무는 개가 되라

괜찮아 장영희 · 14

몸을 튼튼히 해서 죽지 않으면 된다 김경욱 · 20

참 잘했어요 박원순 · 24

몰두하되 집착하지 말자 신희섭 · 30

무는 개가 되라 황주리 · 34

지금 당장 튀지 않아도 돼, 난 평생 할 거니까! 전유성 · 38

도둑놈은 되지 말아야지 이춘연 · 43

그저 즐겁게 살아라 이미옥 · 46

고통이 너를 강하게 만들 거야 장미란 · 52

수술 뒤에는 약속을 잡지 마라 박종호 · 56

마음으로 먼저 느껴 봐 말로 · 60

시스티나 성당의 내음이 어떤지는 모를걸? 홍승우 · 67

사랑받지 못했다고 해서 세상을 사랑하지 못할 이유는 없다

사랑은 더욱더 사랑함으로써만 치유될 수 있다 홍신자 · 74

고난이 나를 살린다 고희경 · 78

매일 다시 시작하는 거야 김석철 · 81

외로이, 어리석게, 가난하게 김별아 · 86

너는 가능성이야 강맑실 · 90

사랑받지 못했다고 해서 세상을 사랑하지 못할 이유는 없다 김종권 · 93

데생은 이렇게 하는 거야 심승현 · 100

아부지, 뭐 하십니꺼 정훈이 · 104

삶은 잠, 사랑은 그 꿈 문태준 · 108

푸줏간 앞의 개 고병권 · 114

낭중지추 승효상 · 117

아무거나 주세요 서영남 · 122

지나간 것은
언제나 그리워지리니

견디지 않아도 좋아 황경신 · 132

갑으로 살아라 박경철 · 138

그러나 누구로부터도 경멸받을 삶을 살아서는 안 된다 방현석 · 143

조화를 이루어요 최태지 · 146

아버지 고마운 줄 알아라 한미화 · 150

자네들의 맥박은 한 번도 쉰 적이 없다네 김창완 · 156

지나간 것은 언제나 그리워지리니 정세진 · 159

대들보 잘라 서까래 만들려나 고정욱 · 164

지도자는 존경을 받아야 한다 박노준 · 170

낙이불류, 애이불비 최불암 · 175

후회하지 않아 김주하 · 180

바꿀 수 없는 것을 받아들이는 평온을,
바꿀 수 있는 것을 바꾸는 용기를 주소서 김중미 · 183

넌 남들과 다른 눈으로 세상을 보니까 박누리 · 190

있다고 생각하고 찾아라

숟가락은 저렇게 큰데 유용주 · 198

최하를 알아야 최고가 될 수 있다 이상벽 · 201

기쁠 때 기뻐하고 고요할 때 고요하라 원담 · 204

변덕! 권택영 · 209

너의 잠재력에 점수를 더 주어라 임은주 · 214

조계산 자락이나 쳐다보다 가거라 정찬주 · 218

기술이 아니다, 인격이다 안성기 · 224

악惡은 선善의 부족상태 이석우 · 227

여성이기에 더 잘할 수 있다 유순신 · 232

옛것에 능히 통해야 새것을 안다 정병례 · 236

사람이 먼저 되고 책을 읽어야지요 최종규 · 242

있다고 생각하고 찾아라 최인호 · 246

무는 개가 되라

어머니는 젊은 내게 늘 말씀하셨습니다.

무는 개가 되라고. 그래야 돌아본다고. 아프면 아프다고, 틀리면 틀렸다고 똑 부러지게 자신의 의사를 표현할 줄 아는 사람이 되라고. 어머니를 그대로 빼닮은 내가 물기는커녕 물리지만 않아도 다행이라는 건 누구보다 어머니 당신이 제일 잘 아십니다. "그래도 어머니, 조금쯤은 무는 개가 될래요. 까짓 조금쯤 서운하고 억울한 일은 눈감을지라도 세상에서 벌어지는 모든 악과 불평등과 옳지 않음에 대하여 쩡쩡 울리는 소리로 컹컹 짖어 대는 무는 개가 될래요."

_ 황주리(화가)

괜찮아

장영희

초등학교 때 우리 집은 제기동에 있는 작은 한옥이었다. 골목 안에는 고만고만한 한옥 네 채가 서로 마주보고 있었다. 그때만 해도 한 집에 아이가 네댓은 되었으므로 그 골목길만 초등학교 아이들이 줄잡아 열 명이 넘었다. 학교가 파할 때쯤 되면 골목 안은 시끌벅적 아이들의 놀이터가 되었다.

어머니는 내가 집에서 책만 읽는 것을 싫어하셨다. 그래서 방과 후 골목길에 아이들이 모일 때쯤이면 어머니는 대문 앞 계단에 작은 방석을 깔고 나를 거기에 앉히셨다. 아이들이 노는 것을 구경이라도 하라는 뜻이었다.

딱히 놀이 기구가 없던 그때 친구들은 대부분 술래잡기, 사방치기, 공기놀이, 고무줄 등을 하고 놀았지만 나는 공기 외에는 어떤 놀이에도 참여할 수 없었다. 하지만 골목 안 친구들은 나를 위해 꼭 무언가 역할을 만들어 주었다. 고무줄이나 달리기를 하면 내게 심판을 시키거나 신발주머니와 책가방을 맡겼다. 뿐인가. 술래잡기를 할 때는 한곳에 앉아 있는 내가 답답할까 봐, 미리 내게 어디에 숨을지를 말해 주고 숨는 친구도 있었다.

우리 집은 골목 안에서 중앙이 아니라 구석 쪽이었지만 내가 앉아 있는 계단 앞이 친구들의 놀이 무대였다. 놀이에 참여하지 못해도 나는 전혀 소외감이나 박탈감을 느끼지 않았다. 아니, 지금 생각하면 내가 소외감을 느낄까 봐 친구들이 배려를 해준 것이었다.

그 골목길에서의 일이다. 초등학교 1학년 때였던 것 같다. 하루는 우리 반이 좀 일찍 끝나서 나는 혼자 집 앞에 앉아 있었다. 그런데 그때 마침 깨엿장수가 골목길을 지나고 있었다. 그 아저씨는 가위만 쩔렁이며 내 앞을 지나더니 다시 돌아와 내게 깨엿 두 개를 내밀었다. 순간 그 아저씨와 내 눈이 마주쳤다. 아저씨는 아무 말도 하지 않고 아주 잠깐 미소를 지어 보이며 말했다. "괜찮아."

무엇이 괜찮다는 것인지는 몰랐다. 돈 없이 깨엿을 공짜로 받아도 괜찮다는 것인지, 아니면 목발을 짚고 살아도 괜찮다는 것인지……. 하지만 그건 중요하지 않다. 중요한 건 내가 그날 마음을 정했다는 것이다. 이 세상은 그런대로 살 만한 곳이라고. 좋은 사람들이 있고, 선의와 사랑이 있고, '괜찮아'라는 말처럼 용서와 너그러움이 있는 곳이라고 믿기 시작했다는 것이다.

어느 방송 채널에 오래전 학교 친구를 찾는 프로그램이 있다. 한번은 가수 김현철이 나와서 초등학교 때 친구들을 찾았는데, 함께 축구하던 이야기가 나왔다. 당시 허리가 36인치일 정도로 뚱뚱한 친구가 있었는데, 뚱뚱해서 잘 뛰지 못한다고 다른 친구들이 축구팀에 끼워 주려고 하지 않았다. 그때 김현철이 나서서 말했다. "그럼 앤 골키퍼를 하면 함께 놀 수 있잖아!" 그래서 그 친구는 골키퍼로 친구들과 함께 축구를 했고, 몇십 년이 지난 후에도 그 따뜻한 말과 마음을 그대로 기억하고 있었다.

괜찮아 — 난 지금도 이 말을 들으면 괜히 가슴이 찡해진다. 지난 2002년 월드컵 4강에서 독일에게 졌을 때 관중들은 선수들을 향해 외쳤다. "괜찮아! 괜찮아!" 혼자 남아 문제를 풀다가 결국 골든벨을 울리지 못하면 친구들이 얼싸안고 말해 준다. "괜찮아! 괜찮아!"

'그만하면 참 잘했다'고 용기를 북돋아 주는 말, '너라면 뭐든지 다 눈감아 주겠다'는 용서의 말, '무슨 일이 있어도 나는 네 편이니 넌 절대 외롭지 않다'는 격려의 말, '지금은 아파도 슬퍼하지 말라'는 나눔의 말 그리고 마음으로 일으켜 주는 부축의 말, 괜찮아.

참으로 신기하게도 힘들어서 주저앉고 싶을 때마다 난 내 마음속에서 작은 속삭임을 듣는다. 오래전 따뜻한 추억속 골목길 안에서 들은 말, '괜찮아! 조금만 참아, 이제 다 괜찮아질 거야'. 아, 그래서 '괜찮아'
는 이제 다시 시작할 수 있다는

희망의 말이다.

시각장애인이면서 재벌 사업가로 알려진 미국의 톰 설리번은 자기의 인생을 바꾼 말은 딱 세 단어, "Want to play(함께 놀래)?"라고 했다. 어렸을 때 실명하고 절망과 좌절감에 빠져 고립된 생활을 할 때 옆집에 새로 이사 온 아이가 그렇게 말했다고 한다. 그 말이야말로 자기가 다시 세상 밖으로 나올 수 있는 계기가 되었다고 했다.

어린아이의 마음은 스펀지같이 무엇이든 흡수한다. 그리고 어느 순간에 마음을 정해 버린다. 기준은 '함께'이다. 세상이 친구가 되어 '함께' 하리라는 약속을 볼 때 힘들지만 세상은 그런대로 살 만한 곳이라든지 아니면 세상은 너무 무서운 곳이라든지 결정해 버린다. 새삼 생각해 보면 내가 이 세상에 정붙이게 만들어 준 것은 바로 옛날 나와 함께하기를 거절하지 않은 골목길 친구들이다.

조승희의 죽음에 같은 학교의 한 여학생이 남긴 노트에는 "우리의 이기심이 널 분노하게 했을지 모르겠다. 함께 친구가 되어 주지 못해서 미안해"라고 적혀 있었다고 한다. 후회는 아무리 빨리 해도 이미 늦다.

장영희

서강대 영문과 교수이자, 영미문학자, 칼럼니스트,
중·고교 영어 교과서 집필자로 왕성하게 활동했습니다.
저서로는 《문학의 숲을 거닐다》《내 생애 단 한 번》《생일》
《축복》《이 아침 축복처럼 꽃비가》 등이 있습니다.
마지막 수필집 《살아온 기적, 살아갈 기적》을 통해
암과 장애로 힘들어하는 사람들에게 희망의 빛을 남기고,
암 투병 끝에 2009년 독자들의 곁을 떠났습니다.

몸을 튼튼히 해서 죽지 않으면 된다

김경옥

중학교 1학년 때 전학을 갔는데 그 학교에 도서실이 있었다. 마음 둘 곳 없어서 괴로웠던 그 시기의 대부분을 나는 도서실의 어두운 마루 위에서 보냈다. 봄날의 어지럼증과 여름날의 무기력증이 빈혈 때문에 생긴 생리현상일 뿐이라는 걸 나중엔 인정하게 되었지만, 그때는 그게 생의 부조리 탓인 줄 알았다.

지은 지 오래된 도서실 건물에는 빛이 잘 들어오지 않았다. 검은 마루와 회색 벽 속에서 《인간의 굴레》《황야의 이리》 같은 소설들을 읽었다. 어둑한 저녁 현기증을 느끼며 일어설 때 소설 속의 황량하고 격정적인 세계가 미묘한

끌림으로 다가왔다.

막 사춘기에 접어든 그때 남독과 난독으로 많은 시간을 보냈다. 《실낙원》과 《파우스트》 《잃어버린 시간을 찾아서》가 그 시기에 내팽개쳐졌다. 《죄와 벌》 《마의 산》 《이방인》 《변신》은 끝까지 붙들고 있었지만 얻은 건 별로 없었다. 중학교 때의 수준에 맞지 않는 잘못된 독서 탓에 몇몇 명작들은 그 향기를 아직도 가까이하지 못하고 있다.

당시 도서실 사서 언니가 추천해 준 책으로는 《폭풍의 언덕》과 《제인 에어》 《주홍글씨》 《작은 아씨들》이 있었다. 좀 자존심 상해하면서, 왜냐하면 이미 그 책들을 다 읽었다고 생각했으므로(다이제스트의 폐해란!) 마지못해 받아들었는데 그만 《제인 에어》에 사로잡히고 말았다. 11월의 나무 같은 제인 에어가 책 속에서 당차게 말했기 때문이다.

"나는 그곳의 어느 누구와도 통하지 않았다. 그들이 나를 사랑하지 않은 것은 사실이지만 나도 마찬가지로 그들을 사랑하지 않았다."

독선과 위선에 맞서며 어린 고아 소녀는 목사 앞에서 〈시편〉이 재미없다고 말하고 외숙모에겐 자기 살붙이가 아니어서 다행이라고 말한다. 제인의 강단은 목사가 겁주면서 "지옥의 구덩이에 빠져서 영원히 불타지 않으려면 어떻게 해야 하느냐?"고 물을 때 주눅 들지 않고 이렇게 대답하게 한다.

"몸을 튼튼히 해서 죽지 않아야 하지요."

스스로를 평생 거짓말 한 번 하지 않고 바르게 산다고 믿는 목사 같은 사람들이 너무 많다. 그런 사람들이 선점한 천당이라면 못 가도 그만이라고, 그런 사람들이 위협의 수단으로 삼는 지옥이라면 안 가기 위해서 건강하게 오래 살 수밖에 없다고 아주 오래전 그때 제인 에어가 허약한 내게 가르쳐 주었다.

김경옥

여성지 기자로 사회생활을 시작해서 TV 교양 프로그램 구성작가,
다큐멘터리 작가를 거쳐 1990년부터 라디오 작가로 일하고 있습니다.
'사람이란 살면서 끊임없이 생각을 바꾸는 존재이고, 거기에서 발전도 있고
퇴보도 시작된다'라고 이야기하는 그녀는 20년 넘게 MBC 라디오
〈배철수의 음악캠프〉작가로 변함없이 청취자들과 함께하고 있습니다.
1985년 잡지언론상 기자상, 2000년 MBC 연기대상 라디오 작가상을 받았으며,
저서로는 《소설 속을 거닐다》 《행복한 라디오》 등이 있습니다.

참 잘했어요

박원순

초등학교 3학년 때 일로 기억한다. 우리 반 담임이셨던 박실경 선생님이 수업 시간에 아이들에게 "바람을 이용한 기계나 시설을 아는 대로 대어 보라"고 하셨다. 나는 얼른 손을 들어 '풍로'라고 대답했다. 시골에서는 집집마다 매일같이 사용하던 것이므로 선생님의 질문에 금방 손을 들고 답을 맞힐 수 있었다. 그런데 선생님은 나에게 "참 잘했다"고 말씀해 주셨다. 심지어 수업이 끝난 뒤 교문을 나설 때 또 다시 칭찬하셨다. 평소에 말도 없고 말썽이나 부리던 아이가 답을 맞혔으니 특별히 칭찬해 주셨는지도 모르겠다.

평소 개구쟁이로 유명하던 나에게 그런 칭찬은 처음이었다. 집에서도 얼마나 골칫거리였는지, 일찍 학교에나 다니라고 취학 연령이 되기도 전에 입학시켰을 정도였다. 위로 누나가 넷이고 동생마저 여자아이인 외아들이라 버릇이 나빠졌던 것 같다. 학교에 가서도 마찬가지였다. 성적이 크게 좋았던 것도 아니고 품행이 방정했던 것도 아니었다. 그런 나에게 선생님의 칭찬은 참으로 큰 충격을 주었다. '나도 뭔가 잘할 수 있는 아이구나' 라는 생각을 하게 만들었던 것이다.

실제로 그 후 나는 공부를 잘하게 되었다. 하루아침에 세상을 보는 눈이 달라졌다. 숙제도 열심히 하고 수업 시간이 괜히 기다려지기까지 했다. 그러다 보니 열등생이 어느새 우등생으로 변했다. 개구쟁이가 모범생으로 변했다. 4학년 이후 나는 계속 반장을 했고 학업우수상을 탔다. 초등학교 6학년 때는 전교 어린이회장을 지냈고 졸업할 때는 교육장상까지 탈 정도가 되었다.

'말 한마디가 천 냥 빚을 갚는다' 는 말도 있지만 '칭찬 한마디가 인생을 좌우한다' 고 해도 과언이 아니다. 어찌 보면 참 아무것도 아닌 것을 가지고 선생님은 칭찬을 아끼지 않으셨다. 그리고 그 칭찬은 나의 인생을 크게 변화시

켰다.

그 후 선생님은 다른 학교를 전전하시다가 다시 내가 졸업한 초등학교에 교장선생님으로 부임해 오셨다. 내가 변호사 생활을 하고 있을 때였는데 어느 날 선생님이 서울로 찾아오셨다. 이런저런 말씀을 하시던 선생님은 아주 오랜 주저 끝에 "우리 학교에 자네 같은 훌륭한 졸업생도 있는데 아직 컴퓨터가 한 대도 없구나. 혹시 여건이 되어 컴퓨터를 한 대 사주면 후배들이 얼마나 좋아하겠는가"라는 말씀을 꺼내셨다. 선생님께서 모처럼 하신 부탁인데 거절하기가 어려웠다. 더구나 나의 오늘을 있게 한 선생님이시니 어떻게 그 요청을 거절할 수 있었겠는가.

컴퓨터를 들여놓고 선생님은 온 학교와 동네, 이웃 학교에까지 자랑하셨다고 한다. 그리고 고맙다는 장문의 편지를 내게 보내셨다. 내가 한 일은 작기 그지없는데 그런 나를 칭찬해 주시니 나는 몸 둘 바를 모를 정도로 부끄러웠다.

그 후 선생님은 정년퇴임을 하셨고, 얼마 지나지 않아 타고 다니시던 오토바이 사고로 안타깝게도 돌아가시고 말았다. '정년퇴임식에는 꼭 가서 감사의 인사를 올려야지' 했는데 결국 나는 업무 때문에 가지 못하고 아내를 대신 보내고 말았다. 그 죄책감에 나는 언제나 선생님께 부채감을 느끼며 산다.

  이렇게 선생님의 칭찬으로 스스로 자극과 격려를 받고 인생에 큰 지침을 얻었음에도, 사실 나는 다른 사람에게 그것을 실천하는 데 인색하다. 우리 집 아이들에게나 함께 일하는 직장의 간사들에게도 후덕하게 대하지 못한다. 따지고 보면 내가 그 나이 때는 이만큼 잘할 수 없었을 텐데도 지금의 내 기준으로 사람을 평가한다. 가끔은 그런 나를 꾸짖고 반성한다. 앞으로 사람들을 많이 칭찬해 주어야지, 다짐하지만 그게 잘 안 된다. 그럴 때마다 나는 박실경 선생님을 생각한다.

2011년 10월 서울특별시 시장이 되었습니다.
인권변호사로, 시민운동가로 살아온 그는 '1% 나눔 운동'을 통해
우리 사회에 아름다운 기부 문화를 정착시켰으며,
그 공로를 인정받아 막사이사이상과 만해상을 수상했습니다.
저서로는 《박원순 변호사의 일본시민사회 기행》
《독일사회를 인터뷰하다》《마을에서 희망을 만나다》
《세상을 바꾸는 천 개의 직업》 등이 있습니다.

몰두하되 집착하지 말자

신희섭

　사춘기 때는 누구나 세상에 대한 불만이 많고, 반발심에 따른 행동을 보이게 마련이다. 나의 경우도 예외가 아니었는데, 다만 이러한 경향이 한참 늦게 그리고 약간 변형된 모습으로 나타났을 뿐이다.

　내가 태어나 자란 동네는 신 씨 집성촌이었다. 18대 종손으로 태어난 나에게는 동네의 모든 사람들이, 나이가 많건 적건 상관없이 할아버지 내지는 그 이상의 어른들이었다. 그에 더하여 홀어머니에 외아들로 자라는 나에게 동네 어른들이나 가끔 먼 곳에서 찾아오시는 친척 어른들이 한결같이 해주시는 '좋은 말씀'이 있었다. "훌륭한 사람이 되거라." "어머니 잘 모셔라."

신통하게도 초·중·고등학교를 지나 대학에 들어갈 때까지도 나는 이러한 '좋은 말씀'을 아무 저항 없이 나의 일부로 삼고 살았다. 문제는 대학 중반에서부터 일어났다. 그동안 관심을 가졌던 노자, 장자의 생각에 영향을 받았던 것 같다. 예의 바르고, 성실하고, 어질고, 모범적이고, 하늘을 우러러 부끄럼 없고, 세상을 위하여 해야 할 일을 착실히 하라고 가르치는 공자를 한 방에 묵살 내는 장자의 말에 특히 호감을 가지게 되었다.

세속의 목표를 위하여 열심히 매진한다는 것에도 회의를 느끼고, 세상의 일에 비웃는 태도를 가지게 되었다. '좋은 말씀'에 대한 나대로의 반발이었던 셈이다. 엎친 데 덮친 격으로, 3학년 말에 실패로 끝난 연애 사업은 나를 아예 세상 모든 것에 대한 무관심, 우울증 상태로 떨어뜨렸다. 이제 졸업반인데 이토록 황량한 상태에 빠져 있으니 난감한 일이었다.

그해 여름이 깊어 갈 때쯤에 나의 마음 한 곳에서 비상사태를 알리는 경고 소리가 들려오기 시작하였다. 그냥 하자. 자꾸만 생각하고, 분석하고, 고민하지 말고, 그냥 하자. 인생을 '분석'하지 말고, 인생을 '살' 자. 결과를 고민하지 말고 오늘의 일에 집중하자. 이러한 생각이 어느새 뚜렷한 한 구절로 구체화되었다.

"몰두하되 집착하지 않는다."

이 한 구절은 그 이후의 내 일상에 길잡이가 되었다.

후에 보니 이 말은 많은 선배들이 파악한 인생지침과도 통함을 알게 되었다. '응무소주 이생기심應無所住 以生其心'이나 '오늘날 일용할 양식'과도 통하지 않을까 짐짓 생각해 본다. 그런데, 나에게서 이 구절을 들은 한 친구가 하는 말. "야, 그건 내가 연애할 때의 행동지침인데……."

모든 것은 통하는 것인가 보다.

신희섭

뇌를 연구하는 과학자로 MIT와 포항공대 교수를 거쳐
지금은 KIST 뇌과학연구소장으로 일하고 있습니다.
서울대 의대를 졸업하고 코넬대학교대학원에서 유전학으로
학위를 마치면서 궁극적이고 근원적인 것에 대한 호기심에 이끌려
뇌를 연구하게 되었습니다. 그는 유전자와 뇌의 작용이 어우러진 것이
마음이므로 뇌를 들여다보는 것이 곧 마음공부라고 말합니다.
2006년 제1호 국가과학자로 선정되었습니다.

무는 개가 되라

황주리

나를 키운 건 팔 할이 바람이라고 말했던 시인을 생각합니다. '자화상'이라는 제목의 그 시를 읽은 후 나는 오래도록 나를 키운 건 팔 할이 고독이라고 생각하며 살았습니다. 진주처럼 알 품은 고독, 그보다 맑고 깨끗한 마음의 상태가 또 있을까요? 조금씩 덜 고독한 지금의 나는 서른 살 그 고독한 날들의 풍경이 그립습니다.

어머니는 젊은 내게 늘 말씀하셨습니다. 무는 개가 되라고. 그래야 돌아본다고. 아프면 아프다고, 틀리면 틀렸다고 똑 부러지게 자신의 의사를 표현할 줄 아는 사람이 되라는 말씀이겠지요.

착한 내 어머니는 평생 무는 개가 되지 못한 채 일흔여덟 살이 되셨습니다. 그런 분이 내게 무는 개가 되라 하십니다. 이 험한 세상에 그저 묵묵히 제 할 일만 하면서, 기분이 나쁘거나 조금 손해를 보아도 그냥 눈 딱 감고 침묵하는 사람이 되지 말라는 뜻이겠지요. 문득 제 땅을 모두 빼앗기고도 조용히 살아가는 아메리칸 인디언을 생각합니다. 비폭력 무저항을 말하던 마하트마 간디를 떠올립니다.

어머니를 그대로 빼닮은 내가 물기는커녕 물리지만 않아도 다행이라는 건 누구보다 어머니 당신이 제일 잘 아십니다. 제가 누구랑 싸워서 이기는 걸 보셨어요? 아니면 꿔준 돈을 제대로 받는 꼴을 보셨어요? 무는 개가 되라는 어머니 말씀은 순한 개가 될 것이 틀림없는 딸에게 보내는 우려 깃든 가훈이었음을 압니다.

착한 사람들이 가득한 세상, 그곳이 바로 천국일 것입니다. 이 세상의 똑똑한 무는 개들은 그냥 물라고 하세요. 다시 찾아온 아름다운 계절이 우리를 너그럽게 합니다.

"그래도 어머니, 조금쯤은 무는 개가 될래요. 까짓 조금쯤 서운하고 억울한 일은 그냥 눈감을지라도, 세상에서 벌어지는 모든 악과 불평등과 옳지 않음에 대하여 쩡쩡 울리는 소리로 컹컹 짖어 대는 무는 개가 될래요. 무는 개가 되라, 어머니 그 말이 맞아요."

황주리

강렬한 색채와 유쾌한 상상력으로
독특한 회화 세계를 구축한 화가입니다.
그의 그림에서는 만남, 이별, 사랑, 미움, 자기, 타인, 우수, 명쾌,
이런 모든 인간의 삶과 감정이 현란하면서도
명징한 색채의 옷을 입고 등장합니다.
그림을 잘 모르는 이들에게도 그의 그림이 친근하게 다가오는 이유는
바로 내 안의 삶을 담고 있기 때문이 아닐까요?
석남미술상, 선미술상을 수상했으며,
지은 책으로 《날씨가 너무 좋아요》《세월》 등이 있습니다.

지금 당장 뜨지 않아도 돼, 난 평생 할 거니까!

전유성

언젠가 지리산에서 서울까지 걸어온 적이 있었다. 지리산을 꼭 한 번 종주해 보리라는 마음이 있었는데 이런저런 바쁜 핑계를 대며 살다 보니 지리산 종주를 못 해보고 인생 종칠 것 같아서 '에라 모르겠다. 방송이고 뭐고 다 때려치우고 지리산으로 떠나 보자' 하고 지리산 한 자락에 있는 암자에 몸을 풀고 호시탐탐 종주를 노렸다. 겨울이라 쉽지 않았지만 세 번의 도전 끝에 지리산 종주를 겨우 마쳤다. 걷는 데 탄력도 좀 붙는 것 같은데 종주를 끝마치려니 아쉬움도 남고 욕심도 생겼다.

'내친김에 서울까지 걸어가 보자' 마음먹고 결심이 꺾

이기 전에 길을 서둘러 서울까지 걸어왔다. 그 후로 많은 사람들이 물어본다. "서울까지 걸어오는 데 며칠 걸렸어요?" "11일 걸렸습니다." "아, 그래요? 고생 많이 하셨네요." 그러고는 그다음 질문이 없다. 며칠 걸렸는지가 그렇게 알고 싶은 모양이다. 나는 "왜 걸어오셨어요?"라는 질문도 받고 싶고 어디 어디를 거쳐서 올라왔는지 말해 주고 싶은데 말이다.

개그맨 생활 30년이 되던 해였다. 가수들은 20주년이다 30주년이다 해서 기념 콘서트를 하던데 내 30주년에는 뭘 할까를 생각해 봤다. '20년이나 30년간 활동했다면 그 가수를 좋아한 사람들이 그 기간만큼 있었다는 이야기인데 왜 비싼 공연장을 빌려서 할까' 하는 생각이 문득 들었다.

그러나 뭔가 서운한 감이 없지 않았다. '그래도 한 분야에서 30년 했으면 이건 보통 일은 아닌데 그냥 보낼 수 없다. 내가 사람들을 찾아다니며 30년이 됐다고 말하자. 방법은? 살면서 한 번도 연예인을 직접 보지 못한 사람이 많을 것이다. 그 사람들을 찾아가자. 강원도 고성 꼭대기부터 해안선을 따라 남해를 거쳐 서해까지 해안선을 따라 돌면서 많은 사람을 만나 보자. 걸을 순 없다. 자동차 운전은 못 하니까 자전거를 타고 일주를 해보자. 아니야! 자전

거는 전에 한 번 써먹었어. 그렇다면? 스쿠터를 한 대 사서 타보자. 그래, 결심했어! 스쿠터야. 하지만 그냥 스쿠터면 재미가 없어. 사람들에게 이렇게 소문을 내자. 말을 타고 해안선을 따라 한 바퀴 돈다고.' 물론 TV프로그램에 나가서도 소문을 냈다. "전유성이가 말을 타고 해안선을 따라서 한 바퀴 돈대!"

인형극회에 부탁하여 말 대가리와 꼬랑지를 맞춰 스쿠터에 붙이니 말 모양이 갖춰졌다. 말을 타고 한 달 동안 여기저기 둘러보면서 많은 사람을 만나서 이야기하고 술 마시고 한 서너 번 웃기는 이야기도 하고 서울로 돌아왔다.

스쿠터가 고장 나 오토바이 가게에 가서 수리를 부탁하니 "아저씨, 이거 타고 어디 갔다 온 거예요?" 하고 주인이 묻는다. 한 달 동안 동해, 남해, 서해안을 거쳐 서울까지 왔다고 하니 한마디 더 거든다. "아저씨, 이거 말고 좀 큰 진짜 오토바이 타고 돌면 이틀이면 되는데 뭐 하러 사서 고생을 하세요."

지금도 방송 활동을 하고 있는 나는 가끔 생각해 본다. 별 재능도 없이 어떻게 여기까지 왔을까? 지금은 성대모사의 기본기가 되어 버린 이상한 억양, 주인공 한 번 못 해본 코미디 프로그램의 여러 가지 단역, 말도 없이 있다가 가끔 가다 한마디씩 내뱉는 어설픈 연기! 잘 생각해 보시라..다른 인기 개그맨만큼 내가 대사가 많았던 것도 아닌데 지금까지 버틴 이유가 뭘까? '나는 이것밖에 할 것이 없다. 나는 평생 할 거니까 지금 당장 튀지 않아도 돼' 하는 마음이 있었던 덕분이라고 생각한다.

전유성

기발한 입담과 행동으로 세인의 이목을 집중시키는 개그맨입니다.
폭넓은 지식과 해학, 듣다 보면 마음속으로부터 '그렇구나' 하고
무릎을 치게 만드는 깊이와 관조가 있는 '구라맨'입니다.
현재, 경북 청도에 코미디전용관 '철가방극장'을 운영하며 진정한 자유인으로
살아가고 있습니다. 저서로는 장황한 삼국지 이야기를 특유의 걸쭉한 입담과 재치로
쉽고 재미있게 풀어 쓴 《구라삼국지》가 있습니다.

도둑놈은 되지 말아야지

이춘연

수많은 책과 선·후배, 동료들의 가르침을 내 인생의 참고와 지표로 여기며 살아오고 있다. 그중에서도 유난히 잊히지 않고, 나이를 먹고 나서 후배들에게 자주 인용하는 말이 있다. 연극 연기를 전공하던 대학 1학년 때, 지도교수였던 이원경 선생님의 말씀이다.

"연습을 게을리 하고 무대에 오르는 배우는 남의 물건을 훔치는 것보다 더 나쁜 도둑놈이다."

당시 내 나이로서는 언뜻 그 뜻을 헤아릴 수가 없었다. 무대에 선 배우가 남의 것을 훔치는 일은 없을 테니까. 도둑놈이라니.

그러나 게으른 배우는 뭔가를 훔치기 위해 남의 집 담장을 넘는 것보다 더 나쁜 도둑놈이 될 수 있다는 것을 깨치는 데는 많은 시간이 걸리지 않았다. 서툰 배우의 연기는 관객들의 소중한 시간과 돈(입장료)을 훔치고 결국 불쾌감, 허탈감을 주어 정신적인 피해를 입히니 말이다.

나는 줄곧 연극, 영화계에 몸담아 왔다. 운 좋게도 내가 좋아하는 일을 하면서도 아직 굶어 죽지 않고 있다. 그리고 도둑놈이 되지 않으려고 노력한다고 하는데도 아직은 본의 아니게 자주 도둑놈이 되고 있다고 자책하고 고민하는 날들이 많다.

도둑놈이 되지 않으려는 노력. 이것은 비단 연극이나 영화인들에게 적용되는 가르침만은 아닐 것이다. 이것은 연기 철학을 넘어선 인생철학이기에 자기 분야에서 최선을 다해야 하는 모든 사람들의 과제인 것이다.

"도둑놈은 되지 말아야지."

이춘연

영화 제작사 씨네2000의 대표로 영화인회의
이사장직을 맡고 있습니다. 한국 영화계의 대소사에
빠지지 않고 참여해 모든 일을 꾸려온 그는 '충무로의 골키퍼' 같은
존재로 인정받고 있습니다. 영화 〈여고괴담〉 시리즈를 비롯하여
〈미술관 옆 동물원〉〈황진이〉〈체포왕〉 등의 한국영화를 제작했으며,
2006년 제9회 디렉터스컷 시상식에서 올해의 영화인상을 받았습니다.

그저 즐겁게 살아라

이미옥

 엄마가 이 꽃을 쑥갓 꽃이라고 불러 주지 않았다면 나는 그저 들국화려니, 아니면 개망초와 닮았네 하고 그냥 지나쳤을 겁니다. 그러나 엄마가 이 꽃들을 '쑥갓 꽃'이라고 불러 주어 나는 그 앞에 항아리처럼 주저앉아 그 안을 들여다보았습니다.
 "야아, 참 예쁘다." 노른자 터진 계란프라이 꽃 같은 쑥갓 꽃은 보기만 해도 저절로 웃음이 나왔습니다. 엄마가 내 손을 잡아당기면서 호들갑을 떨 만도 했습니다. 그리고 내가 박수 짝짝 쳐가며 활짝 웃을 만도 했고요. 쑥갓 꽃을 가만가만 들여다보니, 나는 왠지 '춘자'라는 아이가 생각

났습니다. 강원도 깊은 산골의 키 작은 소녀, 춘자라는 아이를 닮은 소박한 꽃이었습니다.

사진기로 쑥갓 꽃을 찍다가 문득 주말농장을 둘러보니, 가지 꽃, 고추 꽃, 오이꽃, 호박꽃들이 활짝 피어 있었습니다. 불현듯 나는 내가 먹는 나물들이 꽃을 피운다는 것이 신기했습니다. 그러니까 나는 모든 식물들이 꽃을 피운다는 걸 까맣게 잊고 살았던 겁니다. 꽃이 열매가 된다는 것도 모른 채 작은할아버지네 과수원에서 참외 꽃들을 치마 가득 땄던 유년 시절처럼요. 나는 대단한 걸 발견한 사람처럼 주말농장의 꽃들을 카메라로 찍으며 자꾸 웃어댔습니다.

"그저, 즐겁게 살아라."

엄마는 뜬금없이 내 엉덩이를 둥둥 두들겨 주었습니다. 그건 공부하기 힘들다고 짜증을 부렸던 학창 시절부터 회사 그만두고 싶다고 투정을 부렸던 직장 생활 때까지 둥둥거렸던 엉덩이로 들었던 말입니다. 그리고 내가 시집가는 날에도 엄마는 즐겁게만 살라며 엉덩이를 두들겨 주었습니다. 그러니까 즐겁게 살라는 엄마의 말은 엉덩이가 기억하는 몸의 언어였습니다.

그러나 쌀알 같은 일상은 결코 즐겁지만은 않았습니

다. "난 아직도 즐겁게 사는 방법을 모르겠어." 나는 엄마가 어떻게 매일매일 봄날의 꽃처럼 웃어 대는지 궁금했습니다. 진공관 속에 갇혀 있는 것 같은 답답한 직장 생활 속에서 나는 이미 웃음을 잃은 지 오래였습니다. 인격적으로 실망한 직장 상사 앞에서 억지로 웃어야 하는 것도 견딜 수 없는 일이었습니다.

"있어도 감사하고, 없어도 감사하면 돼."

엄마는 상추들을 다 뽑아내면서 말했습니다. 올해 비가 많이 내려 상추가 다 녹아 버렸지만, 엄마는 그리 실망하는 기색이 없었습니다. 농사란 잘되는 때도

있고, 안 되는 때도 있다는 겁니다. 작은 땅이지만, 서울에서 이렇게 농사를 지을 수 있다는 것 자체가 감사하다는 겁니다. 그러니까 삶의 기쁨과 슬픔보다는 내가 살아 있다는 것 자체가 감사하다는 거죠.

그러고 보니 엄마의 짧은 식사 기도 속에는 감사라는 말이 다섯 번도 넘게 들어가 있었습니다. 엄마가 자주 쓰는 말 중 하나가 '감사합니다' 라는 말이었습니다. 엄마가 그저 즐겁게 살 수 있었던 건 바로, 있으나 없으나 감사할 줄 알았기 때문이었습니다. '항상 기뻐하라, 모든 일에 감사하라' 고 하느님께서 엄마의 입술을 통해 내게 말씀해 주시는 것 같았습니다.

나는 부지런히 꽃을 찍던 카메라를 엄마에게 돌렸습니다.

"엄마, 나 좀 봐."

"네가 그렇게 말하지 않아도 내 마음은 언제나 널 보고 있는 걸."

흙 묻은 손으로 이마의 땀을 쓱 닦아 내며 엄마는 웃었습니다. 언제나 봄 햇살 같이 웃으며, 그저 즐겁고 감사하게 사는 황춘자 씨, 소박한 쑥갓 꽃을 닮은 우리 엄마입니다. 하느님께서 나에게 주신 가장 소중한 선물입니다.

이미옥

동화작가입니다.
한양여자대학 문예창작과와 서울예술대학 광고창작과를 졸업하였고,
조선일보 신춘문예에 동시가 당선되면서 작품 활동을 시작했습니다.
IMF 사태로 중산층에서 추락한 한 가족의 이야기를 아이의 눈으로 그려 낸
《가만 있어도 웃는 눈》으로 창작과비평사의 좋은 어린이 책 원고 공모에서
대상을 받았습니다.《내 이빨 먹지 마》《지만아, 나랑 결혼하자》
《형제는 즐거워》 등의 작품을 썼습니다.

고통이 너를 강하게 만들 거야

장미란

어렸을 때부터 나는 특별히 잘하는 것이 없는 아이였다. 어디 나가도 자신 있게 의견을 말하지 못했다. 단점이 많은 아이였기 때문이다. 외모, 환경 등등…… 모든 것이 창피하고 부끄러웠다. 그런 것들 때문에 힘들어할 때, 나보다 더 힘들어하며 나를 응원해 주신 분이 있다. 그분은 날 사랑해 주시고 많은 것을 가르쳐 주셨지만, 잘못했을 때는 더없이 무서운 분이기도 하다. 나는 그분을 존경해서 하느님께 그분을 닮게 해달라고 기도를 한다.

내가 운동을 시작한 것도 그분의 기도와 권유 때문이었다. 한때는 왜 이리 힘들고 어려운 걸 나에게 시키나 원망도 많이 했지만, 지금은 누구보다 감사하고 있다. 아무 것도 모르고 시작했던 운동이 내 삶을 이리도 바꾸어 놓을 줄은 상상도 못 했기 때문이다.

운동을 하면서 1등을 하고 금메달을 따고 대표선수가 되었다. 정말 기뻤고 나 자신이 자랑스러웠다. 어려서 나의 단점이라고 생각했던 부분들이 지금은 가장 큰 장점이 되었기에 그 기쁨은 더 컸다. 시간이 흐르며 나는 더욱더 성장했고, 올림픽이라는 큰 무대를 준비하며 더 큰 목표와 꿈을 세웠다. 나의 꿈이 이루어지길 기도하면서……

하지만 쉽게 되는 일은 없나 보다. 올림픽을 1년 앞두고 시합 도중 허리 부상을 입었다. 눈물이 흘렀다. 늘 승승장구하던 나에게 이런 일이 닥치다니, 갑자기 모든 것이 무섭고 두려워지기 시작했다. 치료를 마치고 재활운동을 한다 하더라도 과연 내가 다시 운동을 할 수 있을까? 그런 내게 그분이 말씀하셨다.

"미란아! 지금 너는 많이 힘들고 고통스럽겠지. 하지만 지금의 고통이 너를 더 강하게 하는 훈련이라 생각하렴. 조금만 참고 이겨내면 더 큰 축복이 따를 거야!"

나는 그 말을 믿었다. 그 말을 큰 의지 삼아 정말 열심히 준비했다. 힘든 일이 닥칠 때마다 이 말을 되새겼다. 그

결과 나는 내 생에 잊지 못할 큰 영광과 기쁨을 누릴 수 있었다. 조금의 아쉬움은 있었지만 대신 더 많은 응원과 사랑을 받았다.

이날이 오기까지 날 이끌어 주었던 그분께 한없이 감사드린다. 내가 잘하건 못하건 언제나 날 바라보며 응원해 주시던 분…… 그분은 나의 어머니이시다.

장미란

고양시청 소속의 국가대표 역도 간판선수입니다.
2002년 부산 아시안게임 때부터 국가대표로 뛰기 시작한 그녀는
2008년 베이징 올림픽과 2010년 광저우 아시안게임에서
금메달을 획득했으며, 2005~2007년 세계 역도 선수권 대회
3연패를 달성하는 등 뛰어난 성적을 기록했습니다.
전국체육대회 명예홍보대사 활동을 비롯해
한국 스포츠 발전을 위해 구슬땀을 흘리고 있습니다.

수술 뒤에는 약속을 잡지 마라

박종호

의과대학 시절 나는 의대가 내 적성에 맞지 않다는 핑계로 학교에 관심이 없었다. 의대 때 읽었던 예술서적의 양이 의학서적을 훨씬 능가했을 정도였다. 그럼에도 학년은 진급하여 흰 가운을 입고 임상실습을 하게 되었다. 특히나 싫었던 외과 실습에서는 교수님과 눈을 마주치지 않으려고 애쓰는 게 일이었다.

외모에서부터 카리스마가 넘쳤던 외과 교수님은 우리 병아리들에게는 경외심과 두려움이 교차하는 대상이었다. 앞서 가는 인턴들의 가운 뒷자락만 쫓아다니던 회진 도중, 대열이 갑자기 멈추고 말았다. 제일 앞의 교수님이 희끗한 머리를 내 쪽으로 돌리더니 질문을 하셨다. "당신은 졸업하면 무슨 과를 전공할 생각이야?" 나는 기어 들어가는 목소리로 "정신과"라고 말했다. 그러자 교수님은 복도가 떠나갈 듯 큰 소리로 웃더니, "정신과? 정신과라는 것이 병은 열 가지나 되고, 약은 다섯 가지쯤 되지!"라고 말하는 것이었다. 나는 정신과를 이해하지 못하는 그분을 향해 속으로만 손가락질을 할 수밖에 없었다.

그 후로 더더욱 외과 강의는 귀담아 듣지 않았다. 그러던 어느 날 외과 수업이 끝날 때쯤 그분이 한마디를 하셨다.

"내가 탐독하는 잡지가 일본에서 발행되는 〈수술〉이라는 잡지야. 거기에 가장 중요한 말이 있었는데, '수술 후에는 약속을 잡지 말라'는 말이었어. 의사가 수술 후에 약속이 있다면, 환자에게 집중할 수 없겠지. 나는 여태 수술 뒤에 약속을 잡은 적이 없어. 공부는 하지 않아도 의사가 되는 한 이 말은 잊지 마라."

소설을 읽던 나는 깜짝 놀라서 교단의 그를 올려다보았다. 그렇다. 명의는 기술로만 되는 것은 아니다. 사생활을 뒤로하고 환자에만 집중할 수 있는 그의 신념과 성실함……

나는 외과의가 되지는 않았지만, 환자를 볼 때 뒤의 스케줄은 생각하지 않으려고 노력한다. 누구나 지금 여기서 하고 있는 일에 오직 집중할 때, 그 일에서 성공할 수 있을 것이다.

박종호

정신과 전문의입니다. 음악 평론가로도 활동해왔으며,
국내 최초의 클래식 전문매장 '풍월당'을 열었습니다.
《내가 사랑하는 클래식》1, 2권과 《불멸의 오페라》1, 2권
《박종호에게 오페라를 묻다》《유럽 음악축제 순례기》
《빈에서는 인생이 아름다워진다》 등의 책을 썼습니다.
《조선일보》에 〈박종호의 오페라 이야기〉칼럼을 연재하기도 했습니다.

마음으로 먼저 느껴 봐

말로

나는 부산에서 태어나 대학 입학 전까지 줄곧 부산에서 자랐다. 어릴 때부터 피아노를 배웠고 중학생이 되어 기타를 독학으로 익히면서 동네에서는 제법 음악을 잘한다는 소리를 들었다. 요즘은 중·고등학생들도 보고 듣는 것이 많아 일찍부터 여러 음악을 접하겠지만, 내가 자랄 당시에는 학교 공부가 생활의 전부여서 따로 음악 공연을 보거나 음반을 접할 기회가 거의 없었다. 그때 내가 접할 수 있었던 음악적 환경이란 집에 있던 낡은 노래책을 뒤적이거나 학교 중창단에서 틈틈이 연습을 하는 정도가 전부였다.

서울에 있는 대학에 입학하고 처음 재즈란 음악을 듣게 되었는데, 재즈는 나에게 상당히 파격적이고 충격적으로 다가왔다. 그저 소음처럼 들리던 그것을 아무 저항 없이 음악으로 받아들이기에는 나의 촌스런 자존심이 너무 강했다. 미국 보스턴에 있는 음악학교로 유학을 가겠다고 나선 것도 모두 구겨진 자존심을 견디지 못한 데서 시작됐는지도 모른다.

유학 생활은 역시나 힘들었다. 이제 겨우 재즈의 'ㅈ' 자를 익히던 내가 여러 나라의 풍부한 문화적 환경을 거쳐 성장한 학생들 틈바구니에서 보낸 첫 학기는 말 그대로 수난이었다. 아침이면 하루에 대한 기대감과 두려움으로 자리에서 일어나지만 밤늦게 연습을 마치고 기숙사로 돌아올 때면 한숨만 푹푹 나왔다.

'왜 나는 좀 더 일찍 재즈를 접하지 못했을까.' '서울에서 자랄 수만 있었어도 이렇게 무지하진 않을 텐데…….' 스물다섯이라는 나이에 다른 사람보다 한참 뒤처져 있는 상황에서 시작한 나의 처지는 늦은 밤의 푸념에 바닥나지 않는 안주거리가 되어 주었다.

그러던 어느 날, 학교를 마치고 베이스를 전공하던 외국인 친구와 같이 클럽 공연을 보러 갔다. 조그맣고 따뜻한 분위기의 재즈 클럽이었는데, 그날은 '턱 앤 패티'라는 유명한 팀의 공연이 있었다. 기타 한 대와 흑인 보컬의 단출한 무대. 기타는 날아가는 듯했고 구두까지 벗어 던진 패티의 보컬은 때론 따뜻하고, 때론 현란하게 청중을 매료시켰다.

하지만 공연을 보던 나는 내내 마음 한구석이 답답했고, 클럽을 나서자 끝내 알 수 없는 울음이 터져 나왔다. 같이 공연을 본 친구가 의아해하며 왜 우는지 물었다.

"저 사람들은 미국에서 태어나 어릴 적부터 재즈를 접했을 거야. 그러니 저렇게 연주를 잘하는 거겠지. 한편으

론 저들이 부럽고, 또 나 자신에게 너무 화가 나. 내 처지가 너무 분통 터지게 답답해서 미치겠어."

내 말을 들은 친구는 부드럽게 웃으면서 말했다.

"말로야, 우리가 오늘 이 공연을 보러 온 것은 누가 얼마나 잘하나 평가하고 나와 비교하기 위해서가 아니야. 음악이란 아름다운 것이고 그들이 그 아름다움을 표현할 때 우리는 그저 마음을 열고 즐거워하면 되는 거지. 재즈가 너에게 힘들기만 한 원인이 어쩌면 그런 네 태도에 있는 건지도 모르겠다. 재즈를 들으면 화부터 나는데 어떻게 그 음악을 사랑할 수 있겠니?"

그 말을 듣는 순간 나는 머리가 멍해졌다. '그래, 나는 재즈를 사랑하지 않았어. 그저 정복의 대상으로 생각했으니 이렇게 힘든 거야. 음악이란 머리가 아닌 마음으로 느껴야 하는 거였어.' 시야가 새롭게 확 트이는 느낌이었다.

그날 이후로 내가 재즈를 이해하고 수용하는 속도는 아주 빨라졌고, 그렇게 어렵기만 했던 재즈가 스스로 그 아름다움을 내게 활짝 열어 보여 주기 시작했다. 선생님들도 변화된 내 모습에 많이 놀라셨다. 연습 시간 내내 꽉 조여진 볼트 같던 머릿속은 음악을 즐기면서 조금씩 풀려 갔다.

지금도 여전히 새로운 것을 접하면 버릇처럼 머리가 먼저 반응하려 할 때가 있다. 그럴 때면 친구의 조언을 떠올리곤 한다. 우리는 그저 아름다움을 느끼고, 그것을 온전히 즐기기 위해 사는 것뿐인데…….

말로

'한국의 엘라 피츠제랄드'라는 별명을 가지고 있는
재즈 보컬리스트입니다. 창唱을 닮은 그의 저음은
빛 드문 새벽의 안개처럼 가슴 밑자락을 휘어 감고,
환호하고 탄식하는 스캣은 한낮의 소나기처럼 마음을 두드립니다.
현재까지 다섯 장의 정규앨범을 발표하였으며,
뮤지컬 〈천변카바레〉, 재즈공연 〈땡큐 박성연〉 등
다양한 음악 활동으로 사랑을 받고 있습니다.

시스티나 성당의 내음이 어떤지는 모를걸?

홍승우

영화 〈굿 윌 헌팅〉에서 교수로 나온 로빈 윌리엄스는 오만한 천재소년 역을 맡은 맷 데이먼에게 말한다.

"내가 미술에 대해 네게 물으면 넌 온갖 정보를 다 갖다 댈걸? 미켈란젤로를 예로 들어 볼까? 그의 걸작이나 정치적 야심, 교황과의 관계, 성적 본능까지도 넌 알고 있을 거야, 그치? 하지만 시스티나 성당의 내음이 어떤지는 모를걸? 한 번도 그 성당의 아름다운 천장화를 직접 본 적이 없을 테니까."

철들지 않았을 때는 경험보다 지식과 기술에 의존하며 이들의 축적에 자부심을 느끼고 그것이 최고의 진리라 믿고 살아간다. 그러나 시간이 흐를수록 직접 체험한 것이 더 진실하다는 것을 자각하게 된다. 남을 통해서가 아니라 바로 내가 느끼는 직접 체험을 통해 인생에서 가장 중요한 것이 무엇인지, 내가 누구인지 알게 될 때 그 무엇보다도 소중한 것을 얻게 되지 않을까.

지금은 영상과 가상의 시대다. 네오가 영웅이 되고 골룸이 지배하는 판타지의 세계다. 과학기술 덕분에 언젠가는 한 평 남짓한 공간에서 세계의 모든 것을 느낄 수 있는 시대가 올지도 모른다. 그러나 그것이 진실이라고는 생각하지 않는다. 시스티나 성당에 가기 위해 여행 짐을 싸며 설레기도 하고, 기내식 때문에 속이 더부룩하기도 하고, 성당에서 말을 걸어온 외국인의 향내를 맡기도 하고…….

예측할 수 없는 미래를 경험하는 것, 목적이 아니라 과정을 더 중요시하는 것, 그 여행을 즐겁게 회상할 수 있는 것. 이것이 진실 아닐는지.

홍승우

30대 샐러리맨 정보통, 공주로 살다 결혼과 함께
'아줌마'가 되어버린 생활미 그리고 귀여운 아들 다운이,
이렇게 셋이 모여 펼쳐 나가는 재치 있고 가슴 찡한 이야기
《비빔툰》으로 유명한 만화가입니다. 오늘의 우리 만화상과
대한민국 출판만화대상 출판상을 수상했으며,
2003년에는 프랑스 '앙굴렘 국제만화페스티벌'의
특별전에 초청되어 한국만화를 널리 알리기도 했습니다.

사랑받지 못했다고 해서
세상을 사랑하지 못할
이유는 없다

독해가 끝나고 교수님의 질문이 바로 이어졌다.

"What's the worst thing in the world?" (이 세상에서 무엇이 가장 괴로운 일인가?) "It's awful not to be loved." (사랑받지 못한다는 것이 가장 끔찍하다.) 나의 이 대답에 교수님의 표정이 아주 짧은 순간 굳어졌다가 펴졌다. 강의가 끝난 후 그 친구가 내게 와 자신과 친구할 생각이 없느냐고 물었다. 둘의 우정이 깊어진 어느 날, 친구가 나에게 이런 말을 하였다. "내가 사랑받지 못했다는 게 세상을 사랑하지 말라는 의미는 아니지 않아?" 나는 아무 말도 할 수 없었다.

_ 김종권(시인)

사랑은 더욱더 사랑함으로써만 치유될 수 있다

홍신자

　나이 마흔에 결혼을 해 딸 희를 가졌다. 뉴욕 스탠트 거리의 허름한 아파트에서 시작한 결혼 생활. 가난 때문에 남편은 막노동이나 페인트칠을 하러 다녀야 했고, 나는 나대로 통역 일거리 등을 찾아다녀야 했다. 딸아이를 낳기 전후의 몇 달 동안엔 그마저도 제대로 하지 못해, 극빈자에게 배급되는 식량 쿠폰으로 생활해야 할 만큼 사정이 절박했다. 들끓는 쥐들 때문에 집에서조차 희를 내게서 떼어놓을 수 없었다. 희를 업거나 안고 발레 스튜디오에 나가보기는 했지만 무용가로서 본격적인 활동을 재개할 수는 없었다.

결국 희를 한국으로 보낼 수밖에 없었다. 내 몸 속에 있었고, 내 품 속에 안겨 있던 아이, 내 가슴에 안겨서 한 번도 떨어지지 않았던 아이를 보내고 돌아오는 길, 자꾸만 보아도 내 가슴은 텅 비어 있었다. 희 또래의 아이들만 보아도 눈물이 나 견딜 수 없었고, 희를 보내고부터는 남편과 심하게 더 자주 싸웠다.

그때 헨리 데이빗 소로우의 일기 속 한 구절이 내게로 다가왔다.

"사랑의 병은 더욱더 사랑함으로써만 치유될 수 있다."

그저 사랑하기만도 버거운 스물두 살이란 나이에 그는 어떻게 이런 말을 할 수 있었던 것일까. 나의 결정이었고, 딸을 위한 선택이었지만, 희로 인해 얻은 사랑의 병으로 나는 스스로를 상처입히고 있었다. 그때 나는 무용을 더욱더 사랑함으로써, 내 모든 에너지와 열정을 무용단에 쏟아부음으로써 내 삶의 의미를 찾을 수 있었다. 맞다. 사랑은 더욱더 사랑함으로써만 치유될 수 있다.

사는 동안 사랑 때문에 상처 받지 않고 사는 사람이 있을까. 사랑으로 인한 상처를 염려하여 차라리 사랑을 안 하겠다고 철문으로 자신을 무장하는 사람도 있다. 그들은 그것의 승부가 어떻게 될지 걱정한다. 그런 사람들에게 소로우는 말한다. "더욱더 사랑하라"고.

꼭 사랑의 대상이 사람일 필요는 없다. 자기 자신을, 자신의 일을, 꽃을, 바람을, 하늘을, 자연을 더욱더 사랑함으로써 사랑의 병은 치유될 수 있다.

사랑이 없는 삶은 허깨비이다. 사랑으로 인해 상처입지만 더욱더 사랑함으로써만 우리는 삶의 이유를 찾을 수 있다.

홍신자

세계적인 전위무용가, 명상수행자입니다.
스물일곱이란 나이에 무용을 시작해 전위무용 〈제례〉로
세계적인 무용가로 발돋움하였습니다.
그러나 끊임없이 되풀이되는 삶에 대한 근원적인 물음의 답을 찾아
무용가로서의 명성을 뒤로한 채 인도로 떠났고,
그곳에서 '구도의 춤꾼'으로 다시 태어났습니다.
1993년 귀국, 경기도 죽산에 정착하여
'웃는 돌' 무용단을 이끌고 있습니다.
《자유를 위한 변명》《나는 춤추듯 순간을 살았다》 등의 책을 썼습니다.

고난이 나를 살린다

고희경

2003년 가을, 시즌 개막 공연인 오페라 〈리골레토〉 연습과 상트페테르부르크 필하모닉 초청 일로 바쁜 나날이 이어졌다. 〈리골레토〉는 남녀 배우의 전라 장면이 들어 있어 영국 초연 때도 화제를 뿌렸던 작품으로 출연자들이 좋은 컨디션을 유지할 수 있도록 세심한 주의가 필요했다.

적잖은 스트레스를 받고 밤늦게 퇴근하면 곧 중학생이 될 딸이 나를 기다리고 있었다. 매일 언론에서 선행학습 문제를 귀가 따갑게 듣는데 학업과 상관없이 자유분방 그 자체인 아이를 보면 걱정만 앞섰다. 내게 중요한 건 자녀 교육인가 업무인가 고민하다 잠에 떨어지면 아침이었다.

오랜만에 만난 친구에게 왜 이렇게 치여 사는지 모르겠다고 투덜거리자 그 친구는 생글거리며 이렇게 적어 주었다. 생어고난, 사어안락生於苦難, 死於安樂.

 "사는 게 고난이고 죽는 게 편한 거라고?" 친구는 고개를 가로젓더니, 네 바쁜 인생, 힘든 삶이 바로 '사는 것'이라고 말해 준다. 고난 속에서는 '사는' 것이고 안락함 속에서는 '죽는' 것이란다.

 그러면서 "말로는 죽겠다고 하지만 네 표정은 생기가 넘친다"며 느긋하던 어느 때보다 활기차고 에너지가 넘치는 나의 모습에 자신도 기분이 좋아진다고 했다. 나중에 찾아보니 맹자에 나오는 말을 친구가 약간 고쳐 일러 준 것이었다.

 오늘 아침에도 풀어야 할 과제를 잔뜩 안고 나오면서 생각한다. 그래! 고난이 나를 살린다. 이 고난을 열심히 살아 보자.

문화 사각지대라는 서울 서남권에 처음 생긴
뮤지컬 전용극장 대성 디큐브아트센터의 극장장입니다.
뮤지컬 〈맘마미아〉가 예술의전당에서 국내 초연할 때
공연기획 팀장이었으며, 오페라 〈라보엠〉〈리골레토〉〈11시 콘서트〉 등의
굵직한 기획공연을 선보인 주인공입니다. 우리나라에 '지역 친화적'인
공연장이 늘어나기를 바라며 바쁜 나날을 보내고 있습니다.

매일 다시 시작하는 거야

김석철

백남준 선생이 예술의 전당을 설계한 사람을 보자고 하신다 하여 만난 것이 15년 전이었다. 선생은 나에게 "이만한 것을 만든 사람은 세계에 없다" 하시며 당신이 직접 나를 홍보해 주겠다고 하셨다. 세계적 대가가 알아주는 것만도 황송한 일인데 홍보까지 해주겠다고 하시니 감격하면서도 그냥 덕담으로만 알았다.

1년 후인 1994년, 크로아티아의 수도 자그레브 국립박물관에서 선생과 나의 2인전이 열렸다. 개막식은 선생이 베니스 비엔날레에서 황금사자상을 받은 다음 날이라 대성황을 이루었고, 대통령까지 참석한 가운데 새벽 2시까

지 이어졌다. 베니스로 돌아올 땐 유고연방이 전쟁 중이어서 세 시간이면 가던 길을 여덟 시간이 넘게 걸려 와야 했는데, 그동안 선생의 창조적 작업에 관한 많은 말씀을 들을 수 있었다. 수학을 하려다가 예술의 길에 들어선 일을 말씀하실 때 "저도 수학반이었습니다"라고 하자 깊고 넓은 아름다운 수학의 세계를 한참 동안 말씀하셨고, 당신이 걸어온 길에 비유하여 건축가의 길에 관한 충고를 해주셨다.

"건축은 순수예술과 달리 남의 돈으로 남의 필요를 위해 시작되지만 시간을 초월하여 남는 것이므로 건축가 개인의 미술적 욕심을 버려야 한다. 창조적 작업을 하려면 대학 강의나 국제회의 따위에 다니지 말고 책도 쓰지 말아야 한다. 예술 행위는 시간과의 싸움이다. 지금 나이면 모든 것을 던져 시작할 수 있다. 창조적인 것을 위해 모든 것을 버려야 한다."

나는 세속의 욕심과 나태에 빠질 때마다 이 말씀을 생각한다. 그러면서도 번번이 국제회의에 참여하고 책을 내고 건축대학 학장까지 하고 있으니 선생의 충고를 잊고 있는 것 아닌가.

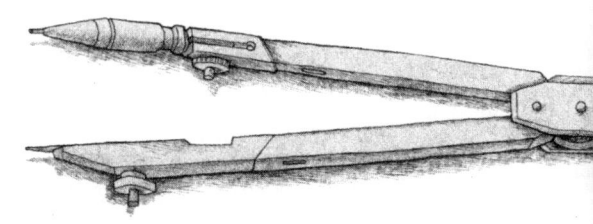

선생이 쓰러지신 이후 맨해튼의 스튜디오로 가 뵈었을 때의 일이다. 그동안 쓴 책을 드리며 베니스 대학에서 가르치게 된 일도 말씀드렸다. "말씀대로 못 하고 헤매고 있습니다"라고 하자 빙그레 웃으시며 "알면 됐어. 작가는 매일 다시 시작하는 거야. 봐, 나는 쓰러져 움직이지도 못하는데 다시 시작하잖아. 누구나 잘못은 하지. 그러나 창조적인 인간은 잘못을 거듭하지 않아. 시간에 쫓기면 창조적인 작업을 할 수 없어. 매일 다시 시작할 수 있어야 해. 하루하루가 얼마나 좋은 날이야" 하셨다.

그때는 걷지도 못하실 때였는데 선생은 세 시간 넘게 휠체어에 앉아 해인사 팔만대장경의 비디오 작업을 하셨다. 천재의 에너지는 머리가 아니고 몸과 마음에서 나오는 것이었다. 세 시간에 걸친 창조적인 작업 시간을 지켜본 3년 뒤, 빌바오 구겐하임 미술관의 백남준 회고전 개막식에서 다시 선생을 뵈었다. 나를 볼 때마다 야단만 하셨던 선생은 구겐하임 미술관장에게는 훌륭한 건축가great architect라고 나를 소개하셨다.

나는 아직도 밤늦게 혼자 일할 때면 "어이 김석철, 더 나가야 돼"라고 하시던 그때 그 말씀을 생각한다.

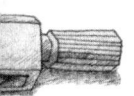

아시아와 유럽, 미국의 학생들을 가르치며 한강에서 새만금,
나아가 세계 주요 도시를 아우르는 작업을 하고 있는
건축가입니다. 그의 작품으로는 여의도 마스터플랜, 해인사 신불교단지,
SBS 탄현스튜디오, 예술의 전당, 한국예술종합학교 등이 있습니다.
현재 명지대 건축대학장과 아키반 건축도시연구원장이며,
일반인들에게 건축과 도시를 알리는 일에도 힘써
《21C 건축산책》《김석철의 세계건축기행》《여의도에서 새만금으로》
《희망의 한반도 프로젝트》 등의 책을 썼습니다.

외로이, 어리석게, 가난하게

김별아

 '나를 움직인 한마디'라는 주제로 원고 청탁을 받는 순간 '나를 움직이지 않게 하는' 몇 마디를 퍼뜩 떠올렸다. '움직인다'는 말의 의미가 단순히 동작이나 상황을 바꾸는 것이 아니라 어떤 영향을 받아 변화를 꾀하는 것이라는 사실을 알고 있지만, 불혹의 나이가 가까웠음에도 여전히 세상의 미혹에 시달리는 내게는 나를 흔들리지 않게 지켜줄 그 무엇이 더 갈급하다.

 작가라는 버거운 이름으로 살아온 지 어느덧 15년이다. 현대의 작가는 물신의 지배력이 인간의 감성과 상상까지도 장악하는 세상에서 지독히 고루하고 부가가치가 낮은 사양 산업에 종사하는 일꾼이다. 노동은 고되고, 아무리 해도 좀처럼 숙련되지 않으며, 일을 마치고 받아드는 품삯은 박하기만 하다. 짐짓 몸만큼 마음이 빈한해지려 할 때, 〈화수분〉의 소설가 전영택의 금언 한 구절을 떠올린다.

"외로이, 어리석게, 가난하게!"

외롭지 않으면, 어리석지 않으면, 또한 스스로 가난해지지 않으면 자신이 진정으로 원하는 일을 할 수 없다. 세상의 부와 명예와 화려한 가치에 눈을 홀린 채로는 나만의 세계를 축조할 수 없다.

그래도 가끔은 뒤통수를 치고 옆구리를 스쳐 앞질러 가는 세상을 멀거니 바라보며 '언제까지 견뎌 버틸 수 있

을까' 쓸쓸히 의심할 때가 있다. 그때 김소월의 스승으로 유명한 시인 김억의 한마디를 기억한다.

"자기의 본분인 줄 알거든 그 길을 꾸준히 걸어 나갈 것이요, 결코 여러 곳에 곁눈질할 것이 아닙니다. 눈을 딱 감고 귀는 꽉 틀어막고 바보처럼 그대로 나아갈 것입니다."

이 고집스런 지침이 꼭 작가들만을 위한 금언은 아니라고 생각한다. 정신없이 변하는 세상, 가치가 혼돈된 사회 속에서 스스로를 지키기 위한 방법은 거듭된 반성과 성찰과 다짐뿐이다.

나는 외롭다. 하지만 또다시 해야 할 일이 있어 외롭지만은 않다. 나는 어리석다. 그렇지만 내가 추구하는 가치 속에서 어리석지만은 않다. 그리고 나는 끝끝내 지키고픈 나만의 세계 속에서 누구보다 큰 부자다. 그렇게 나는 행복한 바보인 채로 살고 싶다.

김별아

개인적 체험과 경험적 사실에 의존하지 않고,
새로운 소재와 서사를 통해 확고한 자신만의 작품 세계를
구축해 가고 있는 소설가입니다. 우리 문학에서 볼 수 없던
새롭고 개성적인 여성상을 구현했다는 평가를 받은 제1회 세계문학상 수상작
《미실》에 이어, 조선 시대의 '논개'를 새롭게 재창조한 소설 《논개》와
《가족 판타지》《네가 아니었다면》《채홍》 등의 작품을 출간했습니다.

너는 가능성이야

강맑실

나의 첫 직장은 한국신학연구소였다. 연구소 소장은 이 땅에 민중 신학의 뿌리를 내린 신학자 고故 안병무 박사였다. 나에게 신학연구소가 사회의 친정이라면 안병무 박사는 사회의 친정아버지이다.

이십 대와 삼십 대 초, 그 불안의 시절에 그분과 함께 했다는 것은 큰 행운이었다. 나는 그분에게 실존적 물음의 대답으로서 예수를 닮고자 하는 자세를 배웠음은 물론이고, 내 평생의 삶의 자세를 교정해 나갈 도구 하나를 얻었다. 그것은 그분이 내게 한결같이 해주셨던 "너는 가능성이다"라는 말이다.

실력도 닦지 못한 채 들어간 첫 직장에서 내가 교열, 교정을 본 문장과 번역은 선배의 손에 의해 다시 빨간 줄이 좍좍 그어지기 일쑤였다. 3대가 함께 사는 집 장남과 결혼해 젖먹이 아이를 키우며 다녔던 터라 가족 간의 갈등 때문에 눈물도 많이 흘렸다.

나 자신에 대해 어느 것 하나 자신 없었던 우울한 시절, 그분은 자주 나를 불러 "너는 가능성이야"라는 말로 나에게 힘을 주셨다.

자기 자신의 가능성에 대한 믿음은 미래에 대한 구체적 신념이 된다. 그리고 그 신념은 우리에게 단순히 바라만 보게 하지 않고, 그것을 계속 추구하고 설계하고 행동하게 한다.

지금도 해야 할 일들 앞에서 겁먹고 도망치려 할 적마다 "너는 가능성이야" 하는 그분의 따뜻한 음성이 귓전을 맴돈다.

강맑실

사계절출판사의 대표입니다. '맑실'은 '맑은 골짜기'라는 뜻으로,
국어학자 최현배 선생의 제자였던 아버지가 지어 주신 이름입니다.
한국신학연구소에서 편집·번역을 하면서 출판과 인연을 맺은 뒤,
1987년 편집장으로 사계절출판사에 합류해
1995년부터 회사 경영을 맡고 있습니다.

사랑받지 못했다고 해서 세상을 사랑하지 못할 이유는 없다

김종권

오랜만에 B사라는 절에 다녀왔다. 그 절은 젊은 시절 한때 불처럼 뜨거웠던 피를 지금과 같은 적정한 온도로 식히게 된 계기를 마련해 준, 말하자면 개인적으로 좀 각별한 장소이다. 20대 초반, 나는 이미 이런저런 일로 세상에 몇 번 된통 치여 학교에서 쫓겨날 만큼 문제아로 전락해 있었다. 당시는 누구의 손도 닿지 않는 곳에서 이름 모르게 시들어 가는 야생화처럼 폐쇄적으로 살고 있던, 그야말로 피폐한 시절이었다.

그 시절 나는 꿈같은 친구를 하나 만났다. 탤런트처럼 잘생겼으며, 언변이 매우 능하고, 재능이 다양하며 붙임성이 좋은, 그런 데다 마음마저 깊디깊은……. 뭐랄까? 그 친구 하나만으로도 여러 명의 좋은 친구들을 한꺼번에 만난 듯한, 평생 한 번 만나기 힘든 출중한 그런 친구였다.

그즈음 인문계열 공부를 하고도 가정 형편상 눈물을 머금고 자연계열을 택했던 치들이 대부분 그랬던 것처럼, 자연계열을 전공하면서도 나는 그나마 어학에 좀 눈이 밝았다.

그때 공통영어 담당 교수님의 지도방법은 참 특이했다. 다짜고짜 첫마디가 필기시험을 아무리 만점 받아야 50%밖에 인정할 수가 없다는 것이었다. 나머지 50%는 출석률과 독해력, 영어로 질문했을 때 영어로 답하는 내용으로 학점을 매기겠다고 했다. 몇 개의 비슷한 학과 학생들이 같이 그 수업을 들었는데, 첫 시간이었다.

학번 순으로 단원 1을 읽고 독해한 뒤 교수님의 몇 가지 물음에 영어로 답하는 수업이 일사천리로 진행되었다. 다들 들뜬 마음으로 기분 좋은 첫 수업을 기대했던 우리는 아연실색했고, 전부 지레 겁을 먹어 수업을 포기하지 않으면 안 될 지경에 이르렀다. 다행히 나와 이 친구는 번호가 뒤쪽에 있었는데, 이 친구가 나보다 10번쯤 먼저 배정되어 있었던 것 같다. 거의 말미 쪽에 배정된 나는 마침 가져온 사전이 있어 단어 몇 개를 찾아 단원 1을 쉽게 독해해 놓고, 교수님께서 나에게 질문하실 내용이 무엇일까를 궁금해 하고 있었다.

이 친구가 먼저 독해를 했으나 중간 어딘가에서 막혀 중도 포기하고 말았다. 드디어 내 차례가 왔고 막힘없이 단원 1을 독해했다. 독해가 끝나고 교수님의 질문이 바로 이어졌다.

"What's the worst thing in the world(세상에서 무엇이 가장 괴로운 일인가)?"

단원 1과 연관된 질문을 기대했던 나로서는 당황할 수밖에 없었다. '워스트worst라…… 그래, 지금의 내 심정이 바로 저런 것과 흡사할 테지'라는 생각이 문득 머릿속을 스쳤다.

"It's awful not to be loved(사랑받지 못한다는 것이 가장 끔찍하다)."

나의 이 대답에 교수님의 표정이 아주 짧은 순간 굳어졌다가 펴졌다. 교수님은 천천히 나에게서 눈을 떼어 자신의 노트를 내려다보더니 문득 생각난 듯 나의 학과와 학번, 이름을 다시 물으셨다.

강의가 끝난 후 그 친구가 내게 와 자신과 친구할 생각이 없느냐고 물었다. 그즈음 사람 사귀는 일이 흔치 않을 만큼 폐쇄적인 상태였으므로 그리 흔쾌한 표정은 아니었겠지만 그 친구의 스스럼없는 접근에 수락을 하였으리라.

둘의 우정이 깊어진 어느 날, 친구가 나에게 이런 말을 하였다.

"내가 사랑받지 못했다는 게 세상을 사랑하지 말라는 의미는 아니지 않아?"

당연히 나는 아무 말도 할 수 없었다. 친구의 거침없이 밝고 순수하고 활달한 성격은 내가 막다른 길에 다다를 때마다 가야 할 길을 뚫어 주었으며, 나는 그 친구에게 세상을 살아가는 새로운 방식을 무수히 배웠다.

이후 우리는 빛과 그림자처럼 어울려 각종 행사

와 모임을 주도하고 다녔으며, 나중엔 그 친구의 할머니께서 심장병 치료를 위해 요양 중이시던 B사의 아랫동네인 중산리로 놀러 가게 되었다. 조그마한 과수원을 가지고 계시던 할머니께 자주 가서 폐를 끼쳤는데, 할머니도 무척 밝은 성품이셨으며 나의 처지를 늘 위로해 주셨다.

물론 폐 끼친 죄로 과수원 일도 열심히 해드렸고, 초겨울에는 산에 가서 잔뜩 나무를 해와 장작을 산더미처럼 패드리기도 했다. 방학 땐 그 동리 아이들을 열심히 가르쳤다. 내가 군대 갈 즈음엔 할머니께서 나를 위해 삼신할미에게 치성을 드릴 만큼, 손자 아닌 손자가 되었다.

그 친구나 할머니가 없는 B사라던가 그 산길을 나 혼자 거니는 일은 아직도 내겐 대단한 즐거움을 준다. 절도 산도 세월이 지남에 따라 옛 모습을 많이 잃었지만, 올바르고 곧은 심성으로 나의 헛되고 비루한 생각들을 다독여 괴로움의 구덩이에서 건져 올려준 이 친구를 만난 것을 나는 내 인생 일대의 가장 큰 행운이라 생각한다.

사랑이라거나 그 비슷한, 고매한, 어떤 것을 초월한 듯한 말투를 나는 존중하지 않는다. 인간 냄새가 나지 않기 때문이다. 사람이라면 어쨌든 사람을 몸과 마음을 다 바쳐 사랑하지 않으면 안 된다. 어려움과 난관이 아무리 크다

해도 사랑해야 하는 이유를 능가할 수는 없다. 사실 지나고 보면 그 어려움과 난관이란 사랑해야 하는 이유에 비해 얼마나 사소한 일이던가?

참고로 '사랑받지 못한다는 것은 이 세상에서 가장 괴로운 것이다' 라는 말은, 내 머리로 궁리하여 만들어 낸 말이 아니다. 제임스 딘이 출연했던 영화 〈에덴의 동쪽〉에서 아브라가 한 멋진 대사를 내가 외워 두었다가, 적시적소에 한 번 차용해 본 것뿐이다.

물론 그 옛날 저 멋진 아브라의 대사는 이제 내 마음속에 그리 깊은 의미로 남아 있지 않다. 오히려 내 친구의 "내가 사랑받지 못했다는 것이 세상을 사랑하지 말라는 의미는 아니다"라는 말을 더 가슴 깊이 새기게 되었다.

나는 이 말의 의미를 되새기며 세상의 참맛을 알게 되었다. 그 앎은 앞으로 내 앞에 놓일 어떠한 난관에도 결코 굴복되지 않을, 아주 둥글고 참된 울림으로 내 맘에 새겨져 있을 것이다.

건물을 짓는 현장 업무를 관리하면서
틈틈이 향기 나는 사람들과의 만남을 글로 짓는 시인입니다.
세월이 갈수록 도심의 건물은 높아져 가지만,
사람의 마음만은 높게 쌓을 게 아니라 넓게 펼쳐야 제 맛.
공사판에 아침 해가 떠오르면 익살과 유머를 새참과 함께 챙긴 그가
빠른 걸음으로 작업장으로 향합니다. 오늘도 무사히!

데생은 이렇게 하는 거야

심승현

나는 눈에 띄지 않는 아이였다. 공부도 잘하지 못했고, 운동도 못했다. 뛰어난 외모나 활달한 성격을 가진 것도 아니어서, 친구들은 있는지 없는지 모르는 그런 아이로 나를 기억할 것이다. 아니, 특징이 없었기 때문에 기억하지 못할 것이다. 그렇게 평범하던 중학교 2학년 미술 시간, 석고 데생을 하게 되었다. 나는 항상 뒤쪽 구석진 자리에 앉는 버릇이 있어 데생할 대상인 아그리파 석고상도 측면으로 그리게 되었다.

미술 선생님은 아이들이 그리는 그림을 보며 지나가다 "자, 주목. 데생은 이렇게 하는 거야" 하시고는 완성이 덜

된 내 그림을 아이들에게 보여 주셨다. 난 얼굴이 빨개져 고개를 들지 못했다. 칭찬이 너무나 어색했고 주목받는다는 것이 왠지 모르게 창피했기 때문이다. 수업이 끝나자 미술 선생님은 나를 교무실로 불러 미술실 열쇠를 주셨다.
"그림을 그리고 싶으면 언제든지 미술실에 와서 그림을 그려라, 알겠니?"

"네" 대답하며 주섬주섬 열쇠를 주머니에 넣었지만, 나는 한 번도 미술실에 가지 않았다. 친하지도 않은 선생님의 배려가 싫기도 했지만, 사춘기 시절의 이유 없는 반항심이 내 마음속에 가득했던 탓이다.

그때 나는 그림을 그리는 일을 전업으로 할 생각도, 미래에 대한 꿈도 없었다. 시간이 흘러 나는 그림과 전혀 관련이 없는 학과에 진학했고, 공군에 입대했다. 그런데 "자신이 가장 좋아하는 일에 열정을 다하라"는 후임병의 말 한마디가 내 안에 있던 그림에 대한 열정을 깨웠다. 내가 잘할 수 있고, 좋아하는 일이 무엇일까 생각했더니 그것은 그림과 글이었다.

제대 후 복학하기 전, 애니메이션 회사에 취직을 했고 일하는 짬짬이 글과 그림이 어우러진 카툰을 작업하기 시작했다. 그리고 이것이 훗날 〈파페포포〉 시리즈가 되었다.

그땐 미처 깨닫지 못했지만 지금에 와 곰곰이 생각해 보면 내 장점을 발견해 귀띔해 주었던 선생님의 칭찬 한마디가 가슴에 오래도록 남아, 인생의 갈림길이나 선택의 순간에 나를 움직였던 것 같다.

순수 청년 '파페'와 착하고 여린 처녀 '포포' 사이의
예쁜 사랑을 그린 《파페포포》 시리즈를 출간하며 카툰 에세이라는
새로운 장르를 개척한 카투니스트입니다. 《파페포포》 시리즈는
《파페포포 메모리즈》 《파페포포 투게더》 《파페포포 안단테》 《파페포포 레인보우》
《파페포포 기다려》로 이어집니다. 한층 넓어진 품과 나직한 목소리로
삶과 사랑을 이야기하며 '추억', '사랑' 그리고 '격려'의
대표 아이콘으로 자리 잡았습니다.

아부지, 뭐 하십니꺼

정훈이

삼수라는 대입의 마지노선마저 뚫린 내겐 입영 영장만이 기다리고 있었다. 마냥 귀엽다고 거친 수염으로 내 얼굴을 비비시던 아버지의 얼굴은 어릴 때의 추억일 뿐이었고 부자 간의 말 없는 냉전은 6년째로 접어들고 있었다. 기대했던 아들에 대한 실망, 아버지에 대한 이유 없는 못마땅함. 어느덧 아버지와의 의사소통은 대부분 어머니를 통해서 이루어지고 있었다.

제대를 한 뒤 나는 마음 둘 곳 없는 백수가 된다는 것이 두려웠는지 인생의 진로를 수정하고, 대학 가서 그리리라 마음먹고 접어 둔 꿈인 만화를 그리기 시작했다. 그런

데 행운의 여신이 찾아온 것일까? 기대하지 않았던 첫 번째 도전인 신인 만화 공모전에 당선이 되었다. 당선 통보 전화를 받고 때마침 집에 오신 아버지께 기쁜 소식을 알려 드렸지만 "그거 하면 밥 먹고 살 수 있나?"라는 무뚝뚝한 대답만 들었다. 섭섭했다.

며칠 뒤 나는 예전에 살던 동네 아주머니가 운영하는 식당에서 밥을 먹으며 공모전 입상을 자랑했다. 그런데 뜻밖의 이야기를 들었다. "어~ 이거구나! 느 아부지 어제

술이 이빠이 되어 갖고 사람들한테 술 사면서 아들 자랑 하더만." 난 눈물이 왈칵 쏟아졌다. 아버지를 향해 내가 쌓은 이유 없는 못마땅함이란 벽이 한 번에 허물어지는 순간이었다.

이제는 서먹함이 남아 있었다. 난 처음으로 특별한 용건도 없이 아버지 사무실로 전화를 걸었다.

"아부지, 뭐 하십니꺼?"

얼떨결에 튀어나온 나의 첫 마디는 친구에게 전화할 때 습관적으로 쓰는 표현이었다. 그 한마디를 시작으로 요즘도 종종 부자 간에 용건 없는 전화 데이트를 한다. 이젠 수다를 떠는 수준으로 발전했다.

개성이 물씬 풍기는 코미디 만화로 만화계에 새로운 바람을 일으킨
만화가입니다. 1995년 만화 잡지 〈영 챔프〉가 주관한
신인 만화 공모전에 입상하면서 데뷔했고,
그해부터 현재까지 〈씨네21〉에 영화패러디 만화를 연재하고 있습니다.
사람들의 생활 습관을 예리하게 포착해 내는 한편, '피식' 하는 풍선에서
바람 빠지는 소리로 끝맺는 '정훈이만화'의 당황스런 결말은
고단한 삶에 큰 위안과 공감으로 돌아옵니다.

삶은 잠, 사랑은 그 꿈

문태준

29세의 조르주 상드는 23세의 알프레드 드 뮈세를 만난다. 둘은 한동안 열렬한 사랑에 빠지지만 2년 뒤 결별한다. 조르주 상드는 자유인이었다. 조르주 상드는 뮈세와 헤어진 후 쇼팽과 연인이 된다. 상드는 작품 '상처'에서 이렇게 말한다.

"덤불 속에 가시가 있어도 / 꽃을 찾는 손을 거둘 수는 없네 / 꽃을 꺾다가 가시에 찔리듯 / 마음의 상처는 견뎌야 하는 것"

뮈세는 상드와 헤어진 후 그 실연의 슬픔을 이기지 못해 이렇게 쓴다.

"나 죽거든 사랑하는 이여 내 무덤가에 버드나무를 심어 다오. 나 그 그늘진 가지를 좋아하나니 내 잠들 땅 위에 그 그늘을 사뿐히 드리워 다오."

얼마나 애절한 비가悲歌인가. 누구에게든 사랑은 찾아온다. 사랑의 만남은 좋으나 이별은 괴롭다. 그럼에도 톨스토이는 인간에게 가장 중요한 게 무엇이냐는 질문에 '사랑'이라고 말했다. 우리에게 가장 소중한 사람이 누구냐는 질문에 '이 순간에 우리가 접하고 있는 사람'이라고 말했다. 우리는 사랑을 하는 한 새처럼 가볍고 자유로운 영혼이 된다.

사랑하는 사람은 만나지 못해 괴롭고, 미운 사람은 자꾸 만나게 되어 괴롭다. 사랑의 감정도 미움의 감정도 만남이 그 씨앗이다. '맹귀우목盲龜遇木'이라는 말도 있다. 바다에 사는 눈먼 거북이가 우연히 바다에 뜬 판자를 만난다는 뜻이다. 좋은 사람을 만나기가 쉽지 않다. 사랑이 찾아와도 우리는 그것이 사랑의 인연인 줄을 모른다. 그러므로 사랑은 사랑이 찾아온 줄을 아는 것도 참 어렵고 그 지속은 더더욱 어렵다.

모든 관계는 인연이다. 그래서 예부터 사람에 대해 말할 때 '유연有緣'이라는 말로 대신했다. '有'는 사람을 뜻

함이요, '緣'은 관계에 있어서의 인연을 뜻한다. 인연을 알아차려 그 인연을 소중하게 가꾸는 마음이 중요한 까닭이 여기에 있다. 구름에 해가 비치면 노을이 되고, 흐르는 물이 벼랑을 만나면 폭포가 되는 것처럼.

사랑이 지속되는 동안 사랑은 옆얼굴을 보여 주는 것이다. 나의 주위까지 보여 주는 것이다. 나의 일상을 보여 주는 것이다. 사랑은 흐르되 내 안에 사랑이 흐르고 있는 모든 소리를 들려주는 것이다. 그것이 사랑의 응답이다.

사랑이 지속되는 동안 사랑하는 이에 대해 함부로 말하지도 말아야 한다. 달이 두 번 바뀔 동안 이웃의 신발을 신고 걸어 보기 전에는, 그 이웃에 대해 이러쿵저러쿵 말하지 말라는 아메리카 인디언의 속담도 있는 바에야 사랑하는 사람에 대해 어떻게 가벼운 결정과 언사를 할 수 있겠는가.

사랑은 꽃밭 같아서 손수 가꾸어야 한다. 지금 나에게 온 사랑을 가꾸어야 한다. 과거의 일을 생각하지도 말고 미래의 일에 사로잡히지도 말고 오직 지금 나에게 찾아온 사랑을 가꾸어야 한다. 그러기 위해서는 진심으로 지금의 이 사랑을 긍정해야 한다. 틱낫한 스님이 명상할 때 듣는 노래가 있다고 한다. 내가 애써 찾아낸 가사는 다음과 같다.

"장미꽃 봉오리가 핀 것을 보세요. 그리고 갈매기가 비상하는 것을 보세요. 물결이 출렁이는 것을 보세요. 그리고 구름이 떠 있는 것을 보세요. 해와 비로부터 헤어질 시간이 없습니다. 바람으로부터 헤어질 공간이 없습니다."

사랑의 긍정은 더 큰 사랑의 지속을 부른다. 잔병과 상처 없이 자라나는 아이가 없듯이 우리는 사랑의 좌절을 딛고 일어서야 한다. 우리의 사랑은 부디 멀리 가야 하는 사랑이어야 한다. 사랑이란 그런 관심과 희망의 기록이다.

조르주 상드를 잃고 뮈세는 이렇게 노래했다. "삶은 잠, 사랑은 그 꿈"이라고. 삶이 지속되는 동안 사랑도 지속된다. 이 세상에 오면서 우리가 받은 가장 큰 축복은 사랑이다.

곰삭은 시어와 특유의 고요한 서정시학으로
주목받아 온 시인입니다. 1994년 《문예중앙》 신인문학상에
시가 당선되어 문단에 나왔으며 《먼 곳》《수런거리는 뒤란》《맨발》
《가재미》《그늘의 발달》 등의 시집을 냈습니다. '시힘' 동인이며, 동서문학상,
노작문학상, 유심작품상, 미당문학상, 소월시문학상 대상을 받았습니다.
한국 서정시의 계보를 잇는 시인으로 평가받고 있습니다.

푸줏간 앞의 개

고병권

개에게 백배 사죄하고 하는 말이지만, 정말 '개처럼 사는 것'의 부끄러움을 느낀 적이 있다. '푸줏간 앞의 개'라는 니체의 말과 마주쳤을 때였다. 나는 그 말에서 '너무나 인간적인' 개 한 마리를 보았다.

"그 개는 공포 때문에 전진할 수도 없고, 욕망 때문에 후퇴할 수도 없다."

푸줏간 주인에 대한 공포와 고기에 대한 욕망 사이에서 나아가지도 돌아서지도 못하는 개 한 마리.

용기가 없으면 욕망이 곧 고통이다. 사실 우리는 여러 번 푸줏간 앞에 서게 된다. 길에서 이탈하고 싶은 욕망과 길을 잃었을 때의 두려움. 따지고 보면 직장도 푸줏간, 학교도 푸줏간, 가정도 푸줏간이다. 때로는 누군가의 눈치를 보느라, 때로는 스스로 자신이 없어서, 우리는 매번 푸줏간 앞에서 몸을 낮춘 채 꼬리를 휘젓고 있지 않는가.

푸줏간 앞엔 두 갈래의 길이 있다. 욕망을 접거나, 용기를 내거나. 어느 쪽으로든 가지 않으면 그대로 '개'가 되고 만다. 푸줏간 앞에 설 때마다 나는 스스로 '개'가 되지 않도록 조심한다. 그리곤 길을 잃지 않도록 거기에 이정표를 세워 둔다. 욕망을 접을 수 없는 나는 니체의 말 옆에 작은 주석을 달아 두었다.

"욕망은 용기를 통해 자유를 얻고, 용기는 욕망을 통해 풍요를 얻는다."

고병권

니체에 대한 독특한 해석으로 유명한 철학자입니다.
자유를 꿈꾸는 지식인들의 자생적 코뮨인 연구공동체
'연구공간 수유+너머'에서 활동하고 있습니다.
'혼자서는 행복할 수 없으며, 친구들과 지금 그 자리에서
함께 행복해야 한다'는 것이 그의 행복론입니다.
《고추장, 책으로 세상을 말하다》《화폐, 마법의 사중주》
《니체의 위험한 책, 차라투스트라는 이렇게 말했다》 등을 썼습니다.

낭중지추

승효상

1980년 비엔나 유학길에 올랐다. 이미 김수근 선생의 문하에서 건축을 치열하게 배우고 익히고 있었지만, 당시의 군부독재 정권이 내뿜는 광기가 너무도 싫어 유학을 빙자하여 그냥 떠난 것이었다. 김수근 선생의 휘하에서 미치도록 건축에만 몰두한 것도 질곡 같은 현실을 외면하려 한 행동이었다고 할 수 있을 것이다. 그러나 5월 광주의 비극은 이 땅에 진저리치게 만들었고, 나는 지체 없이 떠났다.

그러니 유학 생활을 충분히 준비했을 턱이 없었다. 비엔나 사정에 대해서도 잘 알지 못하였으며 아는 사람 하나 없었다. 말 그대로 막무가내였으니 그냥 탈출했다는 것이

맞는 표현일 것이다. 다행히 마산 성당을 설계하면서 알게 된 오스트리아 출신의 요셉 프라처 신부의 주선으로 비엔나의 한 수도원에서 생활할 수 있게 된 것이 유일한 실마리였다.

모든 것이 새롭고 흥미 있었지만 동시에 낯설고 외로운 생활일 수밖에 없었다. 그래서 반 년 후에 돌아와서 결혼식을 하겠다고 약조했던 아내를 이곳으로 불러들였다. 비엔나 근교의 오래된 성채 교회에서 단출한 결혼식을 올리고 석 달 넘게 생활한 수도원을 나왔다. 꿈같은 생활이 다시 시작되었지만 주변은 항상 이방異邦이어서 불확실한 미래는 나를 점점 압박해 왔다.

학교생활이 익숙해질 무렵 아이가 생겼다는 얘기를 듣게 되었다. 아내도 비엔나에서 공부할 준비를 하고 왔지만 포기할 수밖에 없었고, 나는 아내에게 출산만 잘 준비하라고 일렀다. 가지고 온 돈은 다 바닥이 났지만 임신한 아내를 걱정시킬 수도 없었다.

혼자 고민이 깊어 갔다. 어떻게 해야 하나. 경제적 도움을 받을 이 하나 없는 비엔나에서 1년도 채 안 된 유학 생활을 끝내고 돌아갈 수밖에 없는 답답한 처지였으니……. 더불어 그간에 겪어야 했던 고독과 소외, 왠지 모를 주눅으로 나는 가장 무능력한 젊은이가 되어 있었다.

그때 서울에서 편지 한 통이 배달되었다. '공간' 시절 같이 지냈던 류춘수 형(서울 상암월드컵경기장 건축가)이 보낸 것이었다. 그 편지 속에 이런 구절이 있었다.

"효상이 너는 항상 낭중지추囊中之錐였으니 어디서든지 언제든지 빼어난 삶을 살 것이라 믿어 의심치 않는다."

주머니 속의 송곳. 아! 그러했다. 한국에서 나는 항상 주머니 속의 송곳처럼 삐져나오듯 내 존재를 드러냈고 각광도 받았었는데……. 내 존재를 까맣게 잊게 한 그간의 비엔나 생활을 되돌아보았다. 말도 안 되는 비굴한 짓이었다.

불현듯 책상에 앉아 나에 관한 글을 썼다. 그러곤 편지 봉투에 넣어 바로 비엔나 유수의 설계사무소 몇 곳으로 보냈다. 그곳 학교의 첫 과정도 채 마치지 못한 내가 감히 넘볼 수 없는 건축사무소 취직이었지만, 나는 이미 류춘수 형의 말대로 다시 송곳이 되어 있었다.

첫 번째 답신을 받는 데 불과 닷새밖에 걸리지 않았다. 인터뷰 날짜가 정해졌고 나는 '송곳'처럼 여러 질문에 응했고 결국 같이 일하자는 말을 들었다. 모든 문제가 해결되었다. 아내는 보험을 바꿔 안정된 진료를 받게 되었으며 밝은 집으로 이사도 했다. 학교는 그만두었지만 더욱 실제적인 공부를 할 수 있었다. 그때까지 보이지 않았던 비엔나의 낭만적 삶도 보이기 시작했다. 와인에, 음악회에 그곳 사람들과 어울려 살게 되었다. 물론 나는 송곳임을 줄곧 기억하였고 그 사무실에서 점점 더 중요한 존재가 되어갈 무렵, 갓 태어난 아이와 함께 귀국길에 올랐다.

불과 2년 남짓한 길지 않은 비엔나에서의 생활이었지만 나는 마치 내 존재감에 대한 실험을 하듯 거기서 살았다. 그리고 패배하지 않았다고 말할 수 있다.

그렇다. 이 단어 '낭중지추' 때문이었다. 이는 내 젊은 삶을 지탱해 준 잊지 못할 말이었으며 지금도 좌절하고 싶은 현실의 벽들을 마주할 때마다 나를 곧추세우는 마법의 금언이다.

승효상

20세기를 주도했던 서구 문명에 대한 비판에서 출발한
건축 철학 '빈자의 미학'을 바탕으로 작업해 오고 있는 건축가입니다.
15년간의 김수근 문하를 거쳐 1989년 건축 사무소 이로재를 열었습니다.
수졸당, 수백당, 웰콤시티, 대전대학교 혜화문화관 등으로
여러 건축상을 수상하였습니다. 미국건축가협회에서
명예 펠로우의 자격 Honorary Fellowship을 받았으며,
2002년 건축가로는 최초로 국립현대미술관
'올해의 작가'로 선정되었습니다.

아무거나 주세요

서영남

세상에는 착한 사람들이 많다는 믿음 하나로 2003년 만우절에 거짓말처럼 '민들레 국수집'을 시작한 지 어느새 다섯 해가 다 되어 간다.

그간 민들레 국수집을 찾은 손님 중에는 일주일을 굶은 분도, 열흘을 굶고 기다시피 온 분도 있었다. 사나흘 정도 굶는 것은 굶는 것도 아니라고 생각하는 분들이 우리 국수집의 손님들이다.

쪽방에서 지내면서 새벽에 인력시장에 나갔다가 일거리도 못 얻고 빈털터리로 힘없이 찾아오는 분, 배가 너무 고파서 경로식당에 갔다가 "젊은 놈이 게을러서 일도 하지 않고 밥 먹으러 오다니!" 하는 말을 듣고 자존심이 상해서 굶어 버린 분, 빌라 옆에 버려진 옷장을 집 삼아 여섯 달이나 지낸 분, 길에 버려진 승용차가 집인 분…… 이분들이 모두 우리 손님이다.

이제는 민들레 국수집 주변에서 노숙하는 분들보다 아주 멀리 청량리역, 서울역, 용산역, 영등포역, 구로역, 부천역, 부평역에서 노숙하면서 힘겹게 전철을 타고 오는 손님들이 더 많다. 서울역 근처에서 노숙을 하신다는 손님에게 물어보았다.

"겨우 밥 한 그릇 드시기 위해서 서울역에서 동인천까지 오셔요?"

"밥 같은 밥을 먹고 싶어서 왔어요. 눈치 안 보고 먹을 수 있거든요."

우리 손님들은 민들레 국수집에서 식사를 하면 다음 날 아침까지 배가 든든하다고 자랑한다. 사람답게 먹

을 수 있어서 참 좋다고 한다.

처음 민들레 국수집을 열었을 때 찾아온 손님에게 물어보았다.

"무엇을 드시겠습니까? 국수도 있고 밥도 있습니다."

"아무거나 주세요."

'아무거나 주세요'라는 말이 내 가슴을 쳤다. 자유를 잃어버린 사람의 표현이기 때문이다.

동정을 잘못 받으면 동정을 베푼 사람에게 예속되어 버리는 끔찍한 일이 일어나게 된다. 이것은 가난한 사람들이 자립할 수 있는 가장 큰 원동력인 자유를 잃어버리게 한다. 얻어먹는 처지에 감히 선택할 수 있는 자유는 없다고 생각하게 되는 것이다.

민들레 국수집을 조금 확장하면서 우리 손님들이 자유롭게 선택해서 드실 수 있도록 반찬을 뷔페식 차림으로 바꿨다. 밥도 손님들이 직접 접시에 담아서 원하는 만큼 드시도록 했다. 몇 번을 드셔도 괜찮으니 배고픈 이웃들을 생각해서 욕심을 부리지 않도록 부탁드렸다. 국은 우리 손님들이 언제나 뜨겁게 드실 수 있도록 작은 국솥에 옮겨 담아서 다시 데워 드린다.

"미역국을 드시겠어요, 된장국을 드시겠어요?" 하면

손님들은 "아무거나 주세요"가 아니라 "된장국을 주세요" 또는 "미역국을 주세요" 하고 말한다. 우리 손님들이 사람답게 살아갈 수 있도록 아주 작은 것이나마 선택할 수 있는 자유를 찾아 드린 것이다.

배고픈 사람들에게 정말 필요한 것은 한 그릇 밥이 아니라 사람대접을 해주는 것이다.

서영남

수도원에서 25년간 수사 생활을 하다 소외되고 가난한
이들을 위해 환속하여 2003년에 노숙자들을 위한 무료식당
'민들레 국수집'을 열었습니다. 이어서 어린이들을 위한 '민들레 꿈 공부방'을,
2010년 2월에는 어린이를 위한 무료식당 '민들레 꿈 어린이 밥집'을 열었습니다.
8년째 한결같이 매주 토요일부터 수요일까지 민들레 국수집을
운영하고 있습니다. 저서로는 《민들레 국수집의 홀씨 하나》
《사랑이 꽃피는 민들레 국수집》이 있습니다.

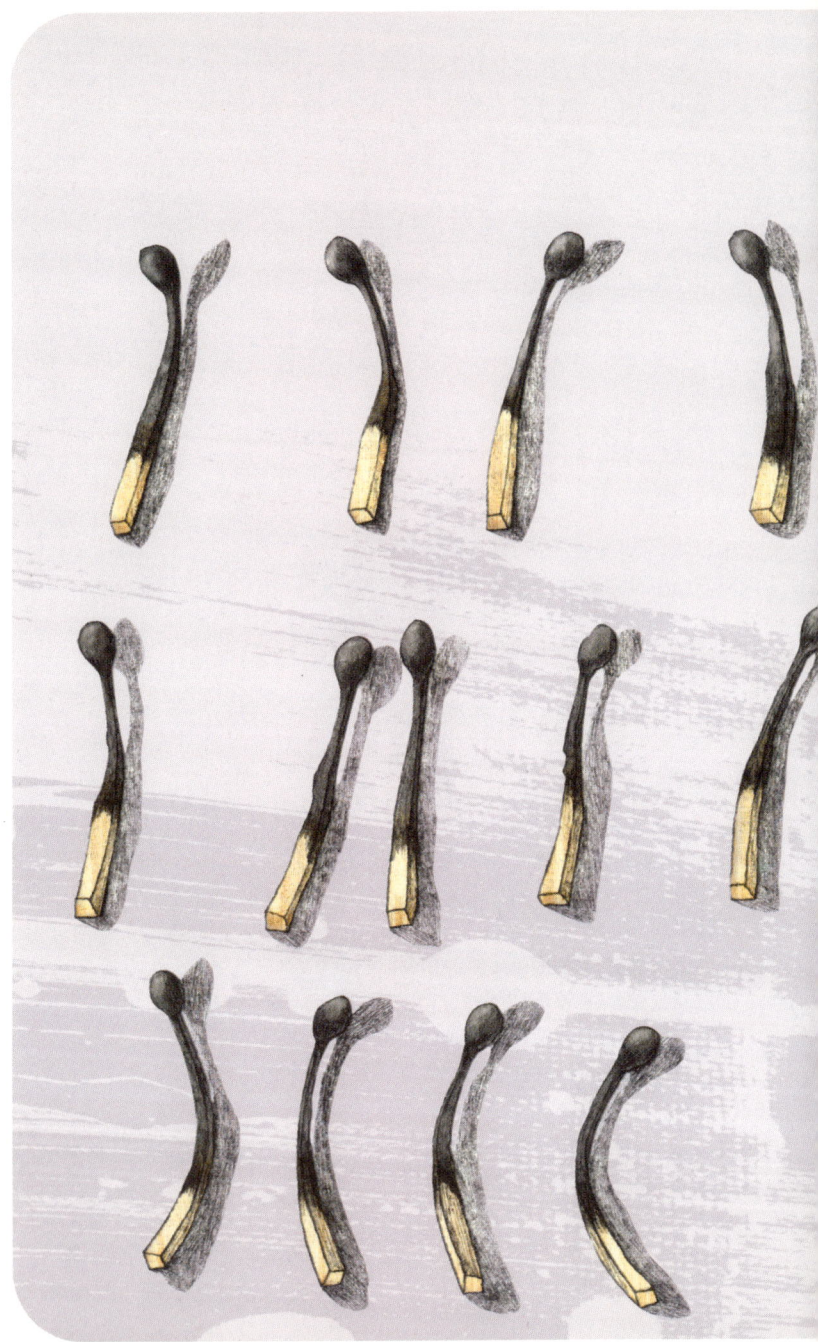

지나간 것은 언제나 그리워지리니

지나온 시간들을 돌이켜 보면 왜 이런 일이

나에게만 일어날까 좌절하고 번민하고 힘겨워했던 적이 많았다. 그렇게 내적 소용돌이에서 빠져나오지 못하다 홀로 떠난 날, '지나간 것은 언제나 그리워지리니'라는 구절을 들었다. 동시에 울컥 밀려든 그리움. 전혀 예상치 못한 순간이었다. 숨 쉴 틈 없이 이어지던 일상과 종착점을 찾지 못했던 고민들, 후회만 가득했던 경험들이 눈물을 핑 돌게 하는 아련한 추억으로 다가왔다.
에디트 피아프의 노래처럼 지나온 시간들을 후회하지 않으리라, 푸시킨의 시처럼 아무리 가슴을 아프게 했던 경험일지라도 결국 그리움으로 남으리라.

_ 정세진(아나운서)

견디지 않아도 좋아

황경신

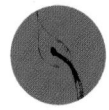

바보같이 나이 마흔에 실연을 했다.

이별은 짧을수록 좋은 것이고 헤어지는 마당에 뭐가 어디서부터 잘못되었는지 따져 보아도 결과는 바꿀 수 없다는 것을 잘 알고 있는 나이인지라, 영화에 나오는 사람들처럼 쿨하게 웃으면서 바이바이, 손을 흔들고 금세 툭툭 털어 버릴 수 있을 줄 알았다. 처음부터 열렬하게 사랑하던 사이도 아니었고, 미래를 향해 뻗어 있는 길이 서로 다르다는 것도 알고 있었고, 언젠가는 헤어질 날이 오리라는 것도 충분히 예상하고 있었다.

그런데 내가 미처 계산하지 못한 두 가지 문제가 있었

다. 하나는 그와 함께한 세월이 너무 길었다는 거였고, 다른 하나는 헤어지고 났더니 마흔이 되었더라는 거였다.

슬퍼할 일도 아니고 상처 받을 일도 아니라고 스스로에게 다짐을 시켰지만 헤어진 그날 저녁 시간을 도무지 나 혼자 감당하고 싶지 않아, 휴대폰에 저장된 이름들을 하나하나 살펴보았지만, 누구에게 전화를 걸어야 할지 알 수 없었다. 후배에게 하소연할 만한 이야기도 아니었고, 연애와 실연 따위는 이미 십수 년 전의 일이 되어 버린 친구들도 별다른 도움을 주지 못할 것 같았다.

나는 고민 끝에 대학 시절부터 줄곧 나를 보아 온, 그래서 내가 시시콜콜 이런저런 설명을 하지 않아도 나의 마음을 헤아려 줄 선배에게 SOS를 쳤다. 선배는 아무것도 묻지 않고 바로 나오겠다고 대답했다.

그가 나를 끌고 식당으로 들어갔을 때, 종일 아무것도 먹은 게 없다는 사실을 깨달았다. 하지만 차가운 달이나 뜨거운 태양을 삼킨 것처럼 먹먹해서 음식에 쉽게 입을 댈 수가 없었다. 그가 다시 나를 끌고 간 곳은 서점이었다. 나한테 보여 줄 것이 있다고 했다. 그러나 동네의 작은 서점에는 그가 찾는 책이 없었다.

잠시 고민하던 그가 이번에는 PC방으로 걸음을 옮겼

다. 왜 이렇게 여기저기 끌고 다니나 싶었지만 말을 할 기운도 없었다. PC방에서 인터넷 검색으로 무엇인가를 찾던 그는 잠시 후, 시 한 편이 프린트된 종이를 내게 내밀었다.

"갈수록, 일월日月이여, / 내 마음 더 여리어져 / 가는 8월을 견딜 수 없네. / 9월도 시월도 / 견딜 수 없네. / 흘러가는 것들을 견딜 수 없네"로 시작하는 그 시는 정현종 시인의 '견딜 수 없네'였다.

정현종 시인은 대학 시절 나의 은사님이기도 해서, 나는 그분을 종종 가까이서 뵙는 기쁨을 누릴 수 있었다. 선생님의 형형한 눈빛은 언제나 세상에 대한 호기심과 즐거움으로 빛나고 있었는데, 선생님의 모습은 언제나 비바람에도 쓰러지지 않을 뿌리 깊은 나무처럼 든든했는데, 몇 년 후면 일흔 고개를 넘으실 그분께서 변화와 아픔을, 있다가 없는 것을, 보이다 안 보이는 것을, 시간을 견딜 수 없다고 고백하신 것이다.

비로소 나는 알게 되었다. 나는 내가 실패했다고 생각하고, 그것을 자책하고, 상실감으로 인해 내가 무너지지는 않을까 걱정하고,

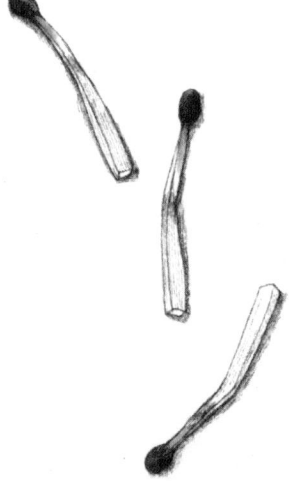

아픔과 상처와 세상을 견뎌 내야 할 나이에 그러면 안 되는 거라고 착각하고 있었던 것이다. 마음속에 고여 있던 달처럼 차디찬 슬픔이, 태양처럼 뜨거운 눈물이 밖으로 흘러나왔다.

그래, 괜찮아, 나는 생각했다. 선생님도 견딜 수 없는 슬픔을 굳이 내가 견디려고 애를 쓸 필요는 없어. 잠시 주저앉아 울고, 다시 일어나면 그만이니까. 견디지 않아도 좋다고, 나보다 세상을 많이 아는 그들이 이렇게 얘기하고 있으니까.

1995년 11월 《PAPER》를 창간해 지금까지 일하고 있습니다.
너무 많은 의미를 찾느라 무거워져 있던 세상에 《PAPER》의 등장은
신선한 충격으로 다가왔고, 약 20년이 다 되도록 매달 독자들과 만나며
소통하고 있습니다. 젊은 감수성을 자극하는 독특한 문체로
《초콜릿 우체국》《그림 같은 세상》 등의 에세이집과 인터뷰 모음집
《나는 정말 그를 만난 것일까》, 동화책 《솜이의 종이 피아노》,
창간 15주년을 맞이한 PAPER의 생존 스토리를 담은
《PAPER 이래도 되는 거냐!》를 펴냈습니다.

갑으로 살아라

박경철

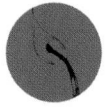

이 말은 돌아가신 아버지가 내가 고등학교를 마칠 때 하신 말씀이다. 사실 부끄러운 고백이지만 나는 의과대학에 진학할 때 스스로 선택한 것이 아니었다. 나는 내심 법학이나 영문학을 전공하고 싶었지만, 내가 고등학교 2학년 때 문과가 아닌 이과를, 그리고 공대가 아닌 의대를 선택하게 된 이유는 바로 '아버지의 뜻'을 따랐기 때문이다.

그렇다고 지금 그 선택을 후회하는 것은 아니다. 하지만 당시에는 의과대학에 진학한다는 사실이 그렇게 내키는 일은 아니었다. 평생을 타인의 죽음과 질병을 보면서 살아야 한다는 것은 그렇게 쉽게 내릴 수 있는 판단이 아니기 때문이다. 그럼에도 나는 아버지의 뜻에 따랐다.

그렇다고 아버지가 내게 강요를 하신 것은 아니었다. 다만 이렇게 말씀하셨다.

"나는 평생을 경찰 공무원으로 살았다. 그런데 이 직업이 참 마음이 편치 않은 직업이다. 엄격한 질서가 있고, 그 질서는 때로는 내가 원하지 않는 일도 하게 한다. 아버지는 가장으로서 너희들을 부양해야 하고 이 일은 아버지의 직업이기 때문에 더욱 그렇다.

나는 평생 '을'로 산 사람이다. '갑'과 '을'의 차이는 대단히 큰 것이다. 사람이 자기의 뜻을 이루거나 혹은 생업을 꾸려가기 위해서 자신의 의지를 굽히거나 고개를 숙여야만 하는 삶은 '을'로 사는 것이다.

물론 '을'로 살아도 좋은 점은 있다. 내 땀보다는 적절한 비굴함의 대가로 무엇을 얻을 수 있기 때문이다. 하지만 '갑'으로 살면 그것은 좀 다르다. '갑'은 스스로 원하는 일, 스스로에게 걸림이 없는 일만 하고 살 수 있다. 다만 '갑'으로 사는 단점이 있다면, 모든 것을 스스로의 땀만으로 성취해야 한다는 것이다.

사람은 누구나 '갑'으로 살고 싶다. 하지만 그것이 쉽지 않다. 그래서 아버지는 네가 바람을 타지 않고 그냥 소신대로 살 수 있는 미래를 가졌으면 한다. 내 생각에는 의사가 그렇다. 그래서 나는 네가 의대에 가기를 바란다."

물론 아버지의 말씀은 당시의 기준으로 하신 말씀이다. 지금 세상은 법관도 얼마든지 당당할 수 있고, 경찰관도 소신대로 살 수 있다. 하지만 당시는 어두운 시절이었다. 권력은 제동장치가 없었고, 사회는 먹고살기 위해 굴종을 강요하던 시절이었다. 그런 시대를 살아오신 아버지의 마음이 얼마나 답답했으면 저런 말씀을 하시랴 싶었고, 그것이 오늘 내가 의사가 되는 길을 선택하게 만들었다.

하지만 그 이후로도 아버지의 말씀은 내 삶에 큰 영향을 미쳤고, 나는 지금도 '갑'과 '을' 사이에서 고민할 일이 생기면 가능하면 '갑'을 선택한다. 그것은 오만함으로서의 '갑'이나 군림하는 힘으로서의 '갑'이 아니라, 막힘이 없고, 굴종하지 않으며, 산은 케이블카를 타고가 아니라 반드시 걸어서 올라가야 하는 곳으로 여기게 하는 갑이다.

때문에 나는 스스로를 마이너리티 혹은 아웃사이더로 규정하기를 좋아한다. 소위 '인 하우스in house'의 삶은 처음에는 '을'로서, 나중에는 '갑'으로 가는 통로가 될 수 있지만, 그래서 얻는 '갑'으로서의 삶은, 또 다른 '을'로서의 삶을 요구한다. 인간의 욕망은 끝이 없고 그 계단은 하늘에 닿아 있기 때문이다.

하지만 '갑'으로 살면 달라진다. 내 다리에 힘이 빠지면 그곳이 매번 계단의 마지막이고, 누군가가 내 손을 당겨 주기를 바라며 비굴하지 않아도 된다. 그것이 삶에서 가장 중요한 것이 아닐까 싶다.

안동 신세계연합병원 원장입니다.
본명보다 '시골의사' 라는 필명으로 더 많이 알려져 있습니다.
현직 외과의사이면서 국내 최고의 투자전문가로 꼽힙니다.
투자 분석으로 영리 활동을 하지 않는 거의 유일한 전문가입니다.
《시골의사의 아름다운 동행》《시골의사의 부자경제학》를 썼으며,
명쾌한 논리와 유려한 문장으로 많은 팬을 확보하고 있습니다.

그러나 누구로부터도 경멸받을 삶을 살아서는 안 된다

방현석

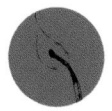

내가 아는 사람이 있다. 그는 나와 국적이 다르다. 그는 열일곱 살에 전쟁터에 나가서 9년 동안 전쟁터에서 총을 들고 싸웠다. 스물여섯 살, 전쟁이 끝났을 때 9년 전 함께 입대했던 그의 동료 300명 중에서 살아남은 사람은 오직 다섯 명뿐이었다.

그는 시를 쓰고 소설을 쓴다. 그의 직장은 영화사이고 그가 하는 일은 감독이다. 그렇지만 대상은 언제나 하나다. 전쟁. 이제 그것으로부터 벗어날 때도 되지 않았느냐는 물음에 그는 이렇게 되물었다.

"내가 어떻게 살아남았을까?"

전장에서 죽어간 동료들 대신 자신이 살아가고 있다고 그는 생각하는 듯하다. 그들이 하지 못한 이야기를 하는 것이 자신이 존재하는 이유라고 믿는 듯도 하다. 그는 자신이 젊은 시절에 받아들였던 이상을 결코 철회하지 않지만, 그 이상을 팔며 행세하는 자들을 끔찍하게 싫어한다.

언젠가 그가 말했다. 자신의 삶을 지탱해 온 것은 거창한 이념이 아니라 전쟁터로 떠나는 그를 향해 어머니가 했던 한마디였다고.

"아들아, 모든 사람들로부터 좋은 말을 들을 수는 없다. 사람들이 너를 미워하고 욕할 수도 있다. 그것은 어쩔 수 없다. 그러나 누구로부터도 경멸받을 삶을 살아서는 안 된다."

반레, 그의 국적은 베트남이며 그의 나이는 올해 쉰셋. 시인으로 불리기를 원하는 사람이다.

소설가입니다. 1988년 《실천문학》에 단편 〈내딛는 첫발은〉을 발표하며
작품 활동을 시작, 1980년대의 각박하고 처절한 현실을 치열하게
고민한 작품들을 내놓았습니다. 이후 베트남으로 시선을 옮겨
'베트남을 이해하려는 젊은 작가들의 모임'의 대표로 활동했으며
아시아 문학 전문지인 계간 〈아시아〉의 주간입니다.
그의 소설 〈존재의 형식〉에 등장하는 레지투이가 바로 이 글에 등장하는
베트남의 작가 반레입니다. 소설집 《내일을 여는 집》《랍스터를 먹는 시간》,
장편소설 《십년간》《당신의 왼편》,
산문집 《아름다운 저항》《하노이에 별이 뜨다》 등을 썼습니다.

조화를 이루어요

최태지

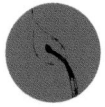

1996년 국립발레단장으로 임명되어 첫 출근을 하기 전날 밤, 나는 긴장과 기대, 막연한 두려움까지 여러 감정이 교차되어 잠을 제대로 이루지 못했다. 긴장된 마음으로 출근해 집무실에서 여러 가지 생각에 몰두하고 있을 때 노태섭 사무국장님(지금은 저작권 심의조정위원회 위원장)이 나를 찾아와 이렇게 말씀하셨다.

"예술가 출신으로서 의욕과 욕심이 앞서겠지만, 언제 어디서나 가장 중요한 것은 조화입니다. 고민과 갈등이 생길 때마다 늘 조화로움을 유지할 수 있도록 균형을 잃지 마세요."

처음엔 그 말씀의 의미를 제대로 이해하지 못해 '어느 한쪽으로 치우치지 말라'는 정도로만 알아들었다. 하지만 시간이 지나면 지날수록 사무국장님께서 강조하셨던 '조화'는 늘 내가 세심하게 챙겨야 할 것들이 많음을 알려 주신 중요한 조언임을 깨닫게 되었다. 그리고 이후 사회생활이나 개인적인 판단과 선택에 있어 그 말씀은 가장 중요한 기준이 되었다.

국립발레단을 운영하기 전 프리마 발레리나를 거쳐 지도위원까지 지낸 나는 누구보다 단원들의 생각을 잘 알기에, 단원들이 무엇을 원하고 그들에게 무엇이 필요한지에 귀 기울이려 했다. 국내와 해외 유수의 대학에서 발레를 배우고 각종 콩쿠르에서 수상하며 화려하게 데뷔하였지만 한정된 정기공연의 횟수 때문에 주역으로 무대에 설 기회가 많지 않은 단원들에게 되도록 많은 기회를 주기 위해 지방 및 야외 공연, 해설이 있는 발레 등 다양한 공연을 시도했다.

큰 공연장에서만 하던 발레 공연이 관객이 쉽게 접할 수 있는 곳으로 나가다 보니 많은 관객들이 발레를 쉽고 친숙한 장르로 느끼기 시작했다. 발레의 대중화는 다시 단원들이 더 많은 무대에 설 수 있는 기회로 돌아왔다.

'조화'의 교훈을 성실하게 따르다 보니 그 결과는 연관된 여러 명의 요구를 만족시키는 것을 넘어 어느새 더 큰 결실을 맺었고 시너지 효과를 발휘하는 소중한 원동력이 되었다.

정동극장의 기관장이 되어 극장을 운영하는 데 있어서도 나는 '조화'를 가장 큰 원칙으로 삼고 있다. 한국 전통의 아름다움을 알리기 위해 상설로 진행되는 전통 공연뿐만 아니라, 어린이, 성인, 직장인 등 다양한 계층이 부담 없이 즐길 수 있는 다채로운 장르의 공연을 시기별로 짜임새 있게 배치하려던 내 신념의 중심에도 항상 '조화'라는 소중한 말씀이 새겨져 있었다.

어느 한 분의 진지한 당부의 말 한마디가 나의 선택과 판단의 가장 중요한 기준이 되었음을 떠올릴 때마다 한마디 말이 가진 신비로운 힘을 새삼 깨닫게 된다. 나에게 소중한 인생의 지침을 일러 주신 그분께 감사드린다.

발레리나 출신으로 국립발레단 예술감독을 맡고 있습니다.
한국 발레의 수준을 한 단계 끌어올렸다는 평가를 받고 있으며,
〈백조의 호수〉의 오데트, 〈돈키호테〉의 키트리, 〈노틀담의 곱추〉의
에스메랄다, 〈호두까기 인형〉의 사탕요정 등 많은 작품에서 활약했습니다.
러시아 문화부장관 감사상, 옥관문화훈장을 받았습니다.
현재 전국 곳곳에서 이뤄지는 공익사업과 '찾아가는 발레'로
전 국민에게 감동을 주기 위해 노력하고 있습니다.

아버지 고마운 줄 알아라

한미화

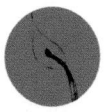

한 미술관에서 '내 인생의 책'이라는 주제로 강의를 한 적이 있다. 십 대 시절부터 막 사십 대의 문턱을 넘은 지금까지 내 인생을 움직인 몇 권의 책을 이야기하며, 이래서 책은 소중하다는 교훈적 메시지를 담아내는 것이 그날의 목표였다. 그런데 삼십 대 중후반에 읽었던 책 이야기를 하다가 대중 강연임에도 불구하고 흐르는 눈물을 주체할 수 없었다. 그 시절 읽었던 책이 아버지를 처음으로 이해하게 만들었던 책이었기 때문이다.

사실 나는 아버지를 많이 닮았다. 얼굴 생김새도 그렇고 말수가 적은 것도, 피부가 좀 검은 것도 아버지를 닮은 탓이다. 아들 녀석은 잠이 좀 많은 편인 나에게 '엄마는 나무늘보'라고 늘 투덜대는데, 아버지가 "잠 많은 건 나를 닮아 그렇다"고 두둔해 주셨으니 더 말해서 무엇하랴.

그렇지만 철이 들면서부터는 아버지와 사이가 좋지 않았다. 늘 바쁜 아버지는 집을 비우는 날이 많았는데, 어쩌다 현관에 아버지 신발이 놓여 있으면 다시 집을 나가고 싶을 정도였다. 일부러 아버지와 부딪치지 않기 위해 낮에는 자고 밤에만 깨어 있었던 적도 있었다.

그 시절의 나는 아버지를 이해할 수도 없었고, 이해하고 싶지도 않았다. 그저 권위적이고 자기중심적인 아버지일 뿐이었다. 아버지는 기억하지 못하시겠지만 철없이 예민하기만 했던 그 시절 나는 아버지의 한마디 한마디에 많이도 상처를 받았다. 아버지 때문에 죽을 생각을 했던 적도 있었다.

엄마는 그런 줄 뻔히 알면서도 늘 "네 아버지가 돈 버느라 얼마나 고생하는 줄 아느냐, 아버지 고마운 줄 알아야 한다" 소리를 귀에 못이 박히도록 했다. 얼마 전 남동생과 술을 먹다 보니 나만 아니라 남동생 역시 엄마가 하던 "아버지 돈 버느라 고생한다" 소리에 인이 박혔다고 했다. 경영학과에 진학한 이유도 막연히 '거길 가면 돈을 벌고 그러면 저 소리 안 듣겠지' 하는 생각 때문이었단다.

하지만 난 단 한 번도 엄마의 말을 귀담아들은 적이 없다. 오히려 지지리 궁상을 떠는 부모, 하고 싶은 걸 못 해 주는 부모에 대한 원망이 컸다. 부모라면 의당 해야 할 일을 아버지 역시 하는 것이라고, 아버지의 의무니 당연하다고 여겼을 뿐이다.

그런데 삼십 대 중후반이 되니 아버지가 다시 보이기 시작했다. 직장 생활을 시작한 지 10년이 넘었고, 집에서 탈출하고 싶어서였지만 결혼을 해서 아이도 낳았다. 아이가 초등학생이 될 때까지 다람쥐처럼 열심히 살았건만 앞날은 보이지 않았다. 뭘 어떻게 해야 하나. 아이가 독립할

때까지 돈을 번다고 쳐도 앞으로 10년 이상은 뼈가 빠지게 일을 해야 했다. 생각만 해도 한숨이 나왔다.

그러자 지독한 슬럼프가 따라왔다. 기다렸다는 듯이 아버지 생각이 났다. 말단 경찰 공무원으로 한평생을 일한 아버지는 무슨 생각을 하며 우리를 키우셨을까. 아버지는 매일 매일을 어떻게 지내신 걸까. 시골에서 서울로 유학 왔을 만큼 촉망받는 소년이었던 아버지는 자신의 인생에 만족하며 사셨던 걸까? 집에서 독립하기 전까지 이어지던 아버지의 모진 잔소리는 그러니까 '아버지처럼 살지 말라'는 아버지 식 표현이었을지 모른다는 생각을 처음으로 했다.

이제, 친정에 가도 엄마는 더는 "아버지 고마운 줄 알아라" 소리를 안 하신다. 아마도 아둔한 딸이 스스로 엄마의 말귀를 깨달을 때가 된 줄을, 진작부터 아신 모양이다.

출판 칼럼니스트로 활동하고 있습니다.
'밑줄 긋는 여자'로 살며 책에 흔적을 남기길 즐기는 오랜 습관이 있습니다.
그렇게 쌓인 메모를 정리한 독서노트가 벌써 수 권째에 이릅니다.
지은 책으로 《우리 시대 스테디셀러의 계보》
《베스트셀러 이렇게 만들어졌다 01》가 있습니다.

자네들의 맥박은 한번도 쉰 적이 없다네

김창완

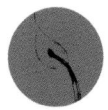

1973년, 정정政情은 아직 불안하고 대학은 은밀하게 감시받고 있던 시절이었다. 여름 방학에 영농 실습을 떠날 서울대 농대생들은 하나 둘 강당으로 모여들었다. 급격한 산업화와 도시화, 그에 따른 이농현상이 두드러지던 때에 대학생들의 농촌활동의 의미와 그들의 자세에 관해 류달영 교수의 강의가 있었다.

"농사짓는 심정으로 묵묵히 노력을 하다 보면 이루지 못할 일이 없습니다. 농사짓는 마음이란 근면하고 겸손하며 늘 감사하는 마음입니다."

류 교수의 느릿한 진양조의 강의는 여름을 이고 있는

후덥지근한 강당의 천장 아래에 조청처럼 녹아 흐르고 있었다. 학생들의 관심은 그런 강의보다는 오히려 그날 받을 영농 실습 자금의 용처에 있었다. 나도 이미 그날 저녁 친구 몇 명과 팔달문 근처 대폿집에서 한잔하기로 약속을 정해 놓은 상태였다.

따분한 강의는 계속 이어졌다. 그때 "마지막으로"라는 말이 졸린 귓속을 파고들어 왔다.

"나도 누구에게 들었는지 기억은 없지만 마지막으로 여러분께 이 말을 꼭 하고 싶습니다. 제군들, 자네들의 맥박은 이제껏 한 번도 쉰 적이 없다네."

처음 이 말은 농담처럼 들렸다. 그러나 그 말이 농담인지 아닌지를 구별하기도 전에 정수리가 쩍 갈라졌다.

이 세상에 처음 뛰는 맥박이 있었으리라. 온 힘을 다해 뛰었던 그 첫 맥박과 그다음 맥박까지는 얼마나 불안하고 고통스럽고 또는 희망찬 시간이었을까? 맥박과 그다음 맥박 사이의 기다림.

지금 바다의 파도만큼이나 수많은 맥박이 고동치고 있다. 삶이 고동치고 있다. 그 삶의 처음 모습을 보게 해준, 영원에 관한 새로운 눈을 뜨게 해준 말이었다.

1977년 '아니 벌써'로 데뷔한 후
30여 년간 가수와 연기자, 방송 진행자로 살아왔습니다.
비 갠 날의 바람결 같은 음색을 지녔으면서도 깊이를 가늠하기 힘든 슬픔과
우울을 동시에 유포하는 그를 사람들은 '천진한 페시미스트'라 부릅니다.
그는 사람들을 만나고, 자전거를 타고, 술을 마시고, 음악을 만들고,
작은 선물에 기뻐하며 그렇게 재미있게 살고 있습니다.
그가 외친 한마디를 전합니다.
"난 내 인생에 실망하지 않아."

지나간 것은 언제나 그리워지리니

정세진

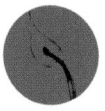

2007년 1월 뉴욕으로 떠나는 비행기를 기다리며 심란한 마음을 달래던 순간, 흔하게 들어왔던 시가 가슴에 꽂혔다. 저녁 6시를 알리는 음악 프로그램 시그널과 함께 DJ가 읊조린 푸시킨의 시 '삶이 그대를 속일지라도'. 그 첫 구절을 지나 다다른 '지나간 것은 언제나 그리워지리니', 이 마지막 구절이 왈칵 울음을 쏟게 할 정도로 강렬하게 다가왔다.

솔직히 나라는 사람은 다른 사람의 영향을 받기 쉬운 사람이다. 그래서 누군가가 남긴 글이나 말을 외우고 기억하는 것을 억제하는 기제가 항상 작용해 왔는데, 언제 그

랬냐는 듯 단단한 마음이 무장해제된 것이었다. (이런 이야기를 쓰면 뭐가 그리 힘들었다고 엄살을 부리나 할지도 모른다. 하지만 사람이 다 다르게 태어났듯 삶의 무게를 느끼는 정도도 주관적이겠거니 인정해 주시길.)

지나온 시간들을 돌이켜 보면 왜 이런 일이 나에게만 일어날까 좌절하고 번민하고 힘겨워했던 적이 많았다. 평범한 듯 평범하지 않은 경험들이 나를 부정적인 생각 속으로 몰아넣기 일쑤였고, 마음을 다잡고 긍정적인 방향으로 걸어 나가다가도 또다시 돌부리에 걸려 굴레 속으로 돌아오곤 했다. 몇 년이 지난 일기장을 봐도 똑같은 고민에 휩싸여 있는 나 자신을 발견할 때는 주저앉아 울고만 싶었다.

그렇게 내적 소용돌이에서 빠져나오지 못하다 홀로 떠

난 날, '지나간 것은 언제나 그리워지리니'라는 구절을 들었다. 동시에 울컥 밀려든 그리움. 전혀 예상치 못한 순간이었다.

이후 뉴욕 맨해튼 고층빌딩 사이 구석구석을 홀로 걸을 때마다, 밤잠을 청할 때마다 숨 쉴 틈 없이 이어지던 일상과 종착점을 찾지 못했던 고민들, 후회만 가득했던 경험들이 눈물을 핑 돌게 하는 아련한 추억으로 다가왔다.

일에만 집중하던 나를 묵묵히 지켜봐주던 친구들, 예민한 기운을 웃음으로 받아 줬던 동료들과 가족들, 나라는 사람을 똑바로 보게 해준

연인들, 그들과 함께했던 시간들이 모두모두 그립고 사무치게 보고 싶었다.

6월의 어느 날, 굴곡 많은 인생을 살다가 사십 대에 세상을 떠난 프랑스의 여가수 에디트 피아프의 삶을 그린 영화를 보면서 또 한 번 살아 있다는 것이 안겨 주는 경험과 번민들을 곱씹어 보게 되었다.

그녀의 노래처럼 지나온 시간들을 후회하지 않으리라, 푸시킨의 시처럼 아무리 가슴을 아프게 했던 경험일지라도 결국 그리움으로 남으리라…. 삶이 주는 희로애락을 소중하게 껴안자고 다짐하게 됐다.

하지만 또 모른다. 언제 이런 다짐을 잊을지. 스트레스를 받는 상황이 되고 사람들과의 관계에서 지칠 때면 다시 어두운 생각 속으로 빠져 들 것이 분명하다. 그러면 되뇌어야지.

"지나간 것은 언제나 그리워지리니."

단아하고 차분한 뉴스 진행으로 많은 이들의
사랑을 받는 KBS 아나운서입니다. 1998년 KBS 1FM
〈저녁의 클래식〉을 시작으로 클래식과 인연을 맺은 그는
'들으면 들을수록 마음에 남고 쌓이는 게 클래식 음악의 매력'이라고 말합니다.
현재는 라디오 〈노래의 날개 위에〉를 진행하고 있습니다.

대들보 잘라 서까래 만들려나

고정욱

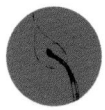

멋모르고 들어가 내가 다닌 국문과에는 별칭이 있었다. 그것은 바로 '굶는 과'. 문학 공부를 하면 밥을 굶는다고 해서 생긴 웃지 못할 자조적 별명이었다.

작가가 되겠노라고 뜻을 세운 건 대학 2학년 무렵이었다. 소설가가 되고 대학에서 학생들을 가르치면 평생 행복하게 살 수 있을 것 같았다. 그러나 시간이 흐르면서 그러한 생각은 현실의 벽에 부딪치기 시작했다.

대학을 졸업하고 대학원 석사과정을 거쳐, 박사과정을 수료할 즈음에는 결혼까지 해서 가장이 되었다. 대학에 강의를 처음 나가 받은 강사료가 10만 원. 어느 코에도 붙일 수도 없는 보잘것없는 그 돈이 생전 처음 번 돈이었다. 그 누가 말했던가. 문학의 길은 멀고도 험하다고. 거기에 나는 한마디 덧붙인다. 멀고도 험하니 웬만하면 가지 말자고.

이어지는 궁핍과 남들보다 처지고 있다는 초조함이 그 무렵의 나를 고통스럽게 했다. 왜 안 그렇겠는가. 남편이라는 자가 하는 일은 오로지 책 읽고 글 쓰고, 시간 되면 두세 시간 강의하러 대학에 나가는 일 뿐이니······.

연암 박지원의 〈허생전〉이나 〈양반전〉에 나오는 초라한 선비의 꼬락서니가 바로 내 꼴이었다. 아내는 돈 못 번다고 투정 한 번 하지 않았지만 생활고의 한파는 견디기 어려운 것이었다.

그 무렵 첫아이를 낳았는데 의료보험의 혜택을 받지 못하는 형편인지라 일반 의료수가로 병원비를 치러야 했다. 설상가상으로 아내는 급성간염에 걸려 2주 동안 병원에 입원했다. 가장으로서 가족을 부양하는 건 고사하고, 아이 우유 값과 기저귀 살 돈조차 주위의 도움을 받아야 했다. 나이 서른을 넘긴 자로서 느껴야 하는 자굴감과 비애는 필설로 다할 수가 없었다. 그런 데다 아내가 둘째 아이까지 임신하고 나니 점입가경에 사면초가였다.

궁여지책으로 나는 동료들이 하나 둘 하기 시작하는

중고생 과외지도를 해볼까 생각했다. 할 줄 아는 거라곤 공부밖에 없으니 그것을 이용해 경제적 도움을 얻을 수 있는 유일한 방법을 생각한 것이었다. 대학에서 강의도 하고 있고, 박사과정도 수료했으니 마음만 먹으면 얼마든지 돈을 벌 수 있을 것 같았다.

그때 그런 내 생각을 꿰뚫어 본 교수님의 말씀이 뇌리에 와 꽂혔다.

"대들보 잘라 서까래 만드는 법 아니네."

그 말을 듣자 정신이 번쩍 들었다. 그렇다. 나는 처음부터 가려 했던 길을 가고 있는 것이었다. 어렵고 힘든 줄 알고 시작한 일이었다. 그런데 잠시 힘들다고 샛길에 한눈을 팔려 했다.

결국 둘째 아이를 낳던 해에 나는 박사학위를 받고 작가로 등단할 수 있었다. 그해에 나는 당당히 부모님의 모든 지원을 끊고 한 사람의 독립된 가장으로 자립했다. 내 나이 서른두 살 때의 일이다.

오늘도 나는 작가로서의 삶을 충실히 살고 있다. 그때 교수님의 그 말씀이 없었으면 나는 아마 미래를 위해 투자

해야 할 소중한 젊은 시절을 낭비해 전혀 생각지 못한 길을 서성이고 있을지도 모른다.

인간에게 주어진 열정과 시간은 분명 한정되어 있다. 그걸 낭비하지 말라는 금언은 지금도 내 가슴에 소중히 남아 있다.

《아주 특별한 우리 형》《가방 들어주는 아이》《첫 단추》 등을 쓴 작가입니다.
어려서 소아마비를 앓아 1급 지체 장애인으로
휠체어를 타지 않으면 움직일 수 없지만
자신의 장애를, 나아가 세상의 장애를 껴안은 작품들로
수많은 이들의 마음을 울렸습니다.
또한 한국장애인연맹(DPI) 이사로 활동하며
차별 없는 세상을 만들기 위해 노력하고 있습니다.

지도자는 존경을 받아야 한다

박노준

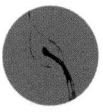

"코치 박, 지도자는 존경을 받아야 합니다."

1999년 12월 미국 메이저리그 뉴욕 메츠 팀에서 코치를 하던 내가 야구 공부를 마치고 돌아오려고 할 때, 당시 메츠 팀의 감독이었던 바비 밸런타인 감독(현 일본 지바롯데 감독)이 해준 말이다. 그는 미국과 일본에서 통산 1,500승 이상을 올렸고 세계 야구계에서 야구 이론만큼은 누구에게도 뒤지지 않는, 자타가 인정하는 세계적 명장이다.

1997년 현역에서 은퇴하고 야구 유학길에 올라 메츠 팀의 마이너리그에서 메이저리그까지 거치면서, 정말 많은 야구 이론과 기술을 배웠다. 하지만 그중에서 가장 소중한 교훈은 야구와 관계없는 밸런타인 감독의 이 한마디였다.

내가 야구를 배울 때만 해도 감독이나 코치의 지시는 법 그 자체였다. 특히 지도자와 선수 간의 '상하' 관계는 대단히 엄격했고 당연히 그래야 한다고 배웠다. 그러나 1990년대 들어서면서 점점 이런 지도 방식에 회의가 들기 시작했다. 당장 앞에서는 "예" 하지만 돌아서면 잊어버리거나 또 잔소리를 한다고 투덜거리기 일쑤였기 때문이다. 서로 간에 신뢰는 무너져 있고 존경하는 마음은 아예 없었다.

이렇게 되면 코치, 선수, 팀 모두에게 안 좋은 영향을 줄 수밖에 없다. 얼마 전 모 종목의 지도자가 야구 배트로 선수를 구타해 영구 제명당했다는 기사를 보고 안타까움을 금할 수 없었다. 세 건이나 연속해서 이런 기사가 났는데, 알려지지 않은 경우까지 생각한다면 정말 큰 사회적 문제가 아닐 수 없다.

미국 프로야구에서 코칭스태프와 선수 간의 관계는 '상하'가 아닌 '수평' 관계다. 그렇다고 규율이 없다거나 코칭스태프를 대하는 선수들의 태도나 자세가 불손한 경우는 없었다. 어떻게 하기에 선수들이 스태프를 부모를 대하듯 존경하고 사랑하는 것일까 하고 살펴봤더니, 코칭스태프가 먼저 선수들에게 몸과 마음으로 베풀기 때문이었다. 감독부터 전 스태프가 "우리는 선수들이 그라운드에서 최고의 기량을 펼칠 수 있도록 '종'의 신분이라는 자세로 몸과 마음을 다해 헌신한다"고 말했다.

그랬다. 항상 코치들은 선수들이 클럽하우스에 나오기 두 시간 전에 미리 나와 미팅을 하며 선수 하나하나를 거론하고 세밀하게 챙겼다. 특히 부상 방지를 위해 노력하는 모습을 보여 주었다. 미팅이 끝나면 운동장을 정리하고 구장에 연습 기구를 설치한 뒤 선수가 부르면 언제든지 도와줄 자세로 대기하고 있었다. 어린 나이에 가족과 떨어져 타국과 다른 주에서 비행기를 몇 시간 이상 타고 온 선수들이기에 부모같이 자상하게 대해 주었다.

서로가 존경하고 아끼는 관계가 되어야 코치가 선수에게 어떤 기술을 전수하고자 했을 때 금방 받아들일 수 있고, 선수의 성장 속도 또한 빠르다. 어릴 때부터 기혼자가 생기는 더블A나 트리플A까지 선수들은 이러한 분위기에서 야구를 배우며 성장하기에 메이저리그에서 엄청난 연봉을 받으면서도 코칭스태프에게 공손하고 늘 배우려는 자세를 잃지 않는다.

분야는 다르지만 이는 사회생활에서도 마찬가지일 것이다. 대인 관계에 있어서도 예禮와 도道가 무너져 가는 요즘 누군가에게 존경받기란 쉽지 않은 일이다. 그러나 약간의 손해를 본다는 자세로 초지일관 모두를 공손하게 대한다면, 모든 사람은 겸손한 당신을 인정하고 나아가서는 존경할 것이다.

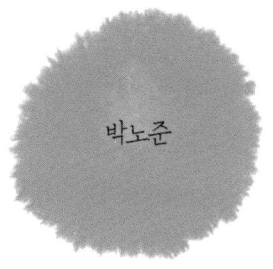

야구 해설위원입니다. 선린상고 시절 투수와 타자 모두에서
천재적 역량을 보여준 그는 그야말로 명실상부 야구계 최고의 스타였습니다.
하지만 불운도 잇따라, 12년의 프로 생활 동안 여덟 번의 큰 부상을 당했고
결국 1997년 마운드를 떠났습니다. 은퇴 후 2년 동안 미국 토론토 블루제이스와
뉴욕 메츠에서 코치로 활동하며 지도자 수업을 받았고, 박찬호 선수의
경기 해설을 시작으로 현재까지 많은 야구팬들의 사랑을 받고 있습니다.

낙이불류, 애이불비

최불암

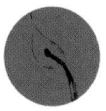

1967년 KBS에 입사하면서 시작된 TV 드라마와의 인연이 어언간 40년을 훌쩍 넘어가고 있다. 인생은 연극이고 인간은 배우라는 말이 있지만, 나처럼 무대, 스크린, 브라운관을 통해 수많은 '타인의 삶'을 대리하며 살아온 인생은 참 흔치 않으리라는 생각이 든다.

돌아보면 나의 40년 배우 인생에는 분에 넘치는 운도 많이 따랐던 것 같다. 1968년 연극 〈환절기〉로, 1974년 TV 드라마 〈한백년〉으로, 1979년엔 영화 〈달려라 만석아〉로 그 분야의 가장 큰 상을 하나씩 차지했다. 그런데 그즈음 문득 '연기는 하나지만 영화나 TV 중 어느 하나는 놓아야 한다'는 생각을 하게 되었다. 〈수사반장〉이 10년째 접어들고 있었고, 〈전원일기〉가 막 시작될 때였다. 박 반장이 김 회장과 오버랩 되고 '믿음직한 맏형' '속 깊은 아버지'의 이미지가 형성될 즈음, 나는 스크린을 벗어나 브라운관 속에 머물기로 결심한 것이다.

연극, 영화, 드라마…… 분야를 떠나 내 가슴속에 오래 머물고 있는 작품들이 몇몇 있지만 그중에서도 1978년 출연한 유현목 감독의 영화 〈문〉은 나를 예술가의 덕목에 눈뜨게 했던 작품이다. 〈문〉은 파상풍에 걸린 가야금 명창 우단 선생과 그의 딸 그리고 그 딸을 통해 우리 가락을 알고 싶어 하는 일본인이 만들어 내는 스토리였다.

내가 가야금 명창인 우단 선생을 연기했고, 일본 아악계에서 독보적인 위치에 있는 작곡가이자 명연주자 역은 배우 박근형이 맡았다. 배우 방희가 우단의 딸로 출연했는데, 그녀는 일본에 가서 공연을 하다가 그 가락을 알고자 하는 일본인을 만나게 된다. 가야금을 누구에게 배웠느냐는 그의 물음에 딸은 "아버지에게 배웠는데, 아버지 당신은 연주를 못 하고 말로만 가르칩니다"라고 대답한다.

결국 그 일본인은 제주도까지 찾아와서 우단에게 가락을 가르쳐 달라고 청하지만, 일제에 핍박당하여 파상풍에 걸린 노인은 더 이상 악기를 다룰 수 없다고 거절한다. 사실 우단은 비전秘傳된 우리 가락이 일본에 전수될까 두려워 손을 못 쓰게 만들었던 것이다.

그러나 결국 우단은 어렵게 찾아온 일본인 앞에서 손가락에서 피가 흐르도록 한 곡을 연주한다. 그리고 '낙이불류 애이불비樂而不流 哀而不悲'라는 곡명을 담뱃갑 종이에 낙서처럼 써준다. 충격을 받은 일본인은 이 쪽지를 가지고 한라산에 있는 산정으로 가서 자살을 한다. 이 얘기는 실제 있었던 일을 영화에 접목한 것이라고 들었다.

'낙이불류 애이불비.' 즐거워도 속되지 마라, 슬퍼도 비탄에 빠지지 마라.

영화 속에서 우리 음악은 일본의 음악과는 달리 은유와 여백이 있는 음악으로 그려졌다. 곧장 귀에 꽂히는 음악이 아니라 황토벽에서 걸리고, 그 가지를 돌아 또 나무 끝에 걸리고, 그렇게 흘러가다 다시 돌담에 걸리며, 담장에 걸린 후 바람결에 잦아들어 흩어지는 음악이 바로 한국의 음악이라는 메시지를 신라시대 가야금의 비조 우륵의 말을 빌려 함축적으로 표현한 것이었다.(이 말은 본래 '낙이불음 애이불상樂而不淫 哀而不傷', 즐겁지만 음탕하지 않고 슬프되 몸과 마음을 상하게 하지 않는다는 공자의 말을

《삼국사기》 저자 김부식이 변용한 것이라 들었다.)
 이 영화 이후로 솟구치는 감정을 내면으로 정제하는, 슬픔을 끌어안는 연기가 내 목표가 되었다. 그래서 '낙이불류 애이불비'라는 구절은 내가 나 자신에게 그리고 후배들에게 늘 강조하는 덕목이 되었다.

〈수사반장〉 19년, 〈전원일기〉 23년과 함께
그의 연기 인생도 40년을 훌쩍 넘었습니다.
연기자는 백지 같아야 한다는 것이 그의 연기 철학입니다.
그래서 꾸미고 바르는 일보다 지우고 닦는 일이 더 급하다고요.
최근, 드라마 〈식객〉 〈로드 넘버원〉 〈천상의 화원 곰배령〉에 출연했으며,
KBS 교양프로그램 〈한국인의 밥상〉 진행자로 꾸준히 활동하고 있습니다.
수사반장에서 장기간 열연한 것을 인연으로 경찰청으로부터
명예총경 임명을 받았습니다.

후회하지 않아

김주하

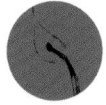

"후회하지 않는다."

짧은 생이지만 평생 지키려고 노력하는 내 좌우명이다. 어떻게 보면 일을 저질러 놓고 자신을 위로하기 위한 말 같기도 하다. 하지만 그 말이 포함하고 있는 또 다른 뜻을 생각해 보면 단지 위로를 위한 말처럼 들리지는 않는다.

사람은 어떤 일을 겪든지 그 일이 지나가고 난 다음엔 자기를 되돌아보며, '그때 그렇게 말할 걸……' 혹은 '이렇게 행동했으면 더 좋았을 걸……'과 같은 아쉬움 섞인 자기 진단을 한다. 이런 진단이 있기에 그 사람의 다음 행동과 말이 더 나아지고 발전하는 것인지도 모르겠다.

그러나 난 후회하지 않는다. 아니 정확하게는 후회하지 않으려고 한다. 그래야만 한층 현실에 충실할 수 있다고 생각하기 때문이다.

후회하지 않는 삶을 원한다면, 바로 그 순간에 최선을 다해야 하지 않을까. 다시 그런 순간이 와도 '그렇게 할 수밖에 없었다, 그것이 최선이었다'고 말할 수 있을 행동을 해야 한다고 나는 믿는다.

이것은 일종의 자기 강박일 수도 있다. 내가 끝까지 경계해야 할 것은 강박 끝에 오는 자기 합리화이지만, 글쎄, 그런 함정에 빠지지 않길 바랄 수밖에……

MBC 뉴스 앵커이자 기자입니다.
1997년 MBC에 아나운서로 입사하여, 앵커와 보도국 소속 기자를
넘나들며 뉴스에 대한 변함없는 열정을 보여주고 있습니다.
아울러 깔끔하고 논리적인 진행으로 시청자들에게 한결같이 사랑받고 있습니다.
다큐 에세이 《안녕하십니까 김주하입니다》를 출간했습니다.

바꿀 수 없는 것을 받아들이는 평온을, 바꿀 수 있는 것을 바꾸는 용기를 주소서

김중미

내 삶의 자리는 가난한 아이들이 모여 함께 공부하고 노는 동네의 공부방이다. 20년 전 인천의 바닷가 변두리에서 빈민 운동을 시작하고 공부방을 열었을 때 선배들은 가난한 이들을 교육하고 변화시키려 하지 말고 그냥 네 자신이 가난한 사람이 되어 사는 법부터 배우라고 충고했다.

처음에는 공부방을 통해 만나는 아이들, 이웃들 그리고 자원봉사자로 온 후배들이 서로 만나 공동체를 이루어가는 것만으로도 즐겁고 뿌듯했다. 그러나 점점 시간이 흐르면서 사회적 불평등과 경제적 결손이 아이들에게 생각보다 큰 상처를 남겼다는 것을 깨닫게 되었다.

아이들은 그 상처로 인해 열등감, 좌절, 무기력, 무관심, 의심에서 쉽게 벗어나지 못했다. 그래도 처음에는 아이들을 향한 우리의 애정과 책임감 그리고 다양한 프로그램들이 아이들을 변화시킬 거라 믿었다. 그러나 늘 제자리걸음이었다. 아니 뒷걸음질이었다. 나를 비롯한 공부방 교사들은 수시로 무기력과 좌절에 빠졌다.

그러던 중에 1995년 김영삼 대통령이 청소년 범죄와의 전쟁을 선포했다. 학교 앞에서 초등학생들의 버스표나 푼돈을 빼앗던 중등부 아이가 공갈 협박으로 걸려 경찰서에 잡혀 가고, 또 한 아이는 친구의 트레이닝복을 빌렸다가 깜박 잊고 못 갖다 준 것이 절도죄가 되어 구치소에 들어가는 일이 벌어졌다.

남편과 사태를 수습하려고 이리저리 뛰어다니던 와중에 더 큰 일이 일어났다. 학교와 공부방을 그만두고 속을 썩이던 아이들 둘이 본드에 중독되어 있었던 것이다. 무엇보다 아이들이 본드에서 손을 떼게 하는 게 급선무였다.

우리는 우선 아이들을 제대로 보호해 주지 못하는 가정에서 분리시켜 함께 살면서 아동상담소, 정신병원 등을 찾아다녔다. 그러나 아이들은 쉽게 본드의 유혹을 벗어나지 못했다. 결국 아이들은 구치소를 들락날락하기 시작했다.

아이들이 구속되어 있는 구치소에 가서 간식과 영치금만 넣어 주고 되돌아 나올 때면 억장이 무너져 내렸다. 우리들의 노력에 전혀 움직이지 않는 아이들이 원망스럽고, 아이들을 그렇게 벼랑 끝으로 내몬 사회에 대한 증오심으로 견딜 수가 없었다.

그때 우연히 어떤 알코올 중독자의 수기에서 이 기도문을 읽게 되었다. "내가 바꿀 수 없는 것을 받아들이는 평온을, 내가 바꿀 수 있는 것을 바꿀 수 있는 용기를 주소서." 이 짧은 기도문을 읽는 순간 눈물이 핑 돌았다. 그때까지 내가 내려놓지 못하고 안달을 부리고 있던 것이 무엇이었는지 보였다.

나는 아이들이 본드를 하게 된 상처를 들여다보고 어루만져 주면서 같이 아파하기보다는 그저 온갖 약을 발라 겉으로라도 상처가 아물기만을 바랐다. 그리고 그렇게 좋은 약을 쓰는데도 왜 낫지 않느냐며 아픈 아이들을 닦달하고 있었다. 그런 내 모습을 보고 나서야 그동안 나를 힘들게 한 것이 바로 내가 뭔가 바꿀 수 있을 거라는 교만과 뜻대로 안 되는 아이들을 향한 분노라는 걸 알게 되었다.

내 문제를 보게 된 뒤 나는 좀 더 느긋하게 아이들을 기다릴 수 있었고, 아파하는 아이들 곁에서 함께 울며 아

이들의 손을 잡을 수 있었다. 시간이 지나자 아이들은 자신들의 문제를 스스로 깨닫기 시작했고 자신들을 옭아매던 그늘에서 벗어났다.

이제 그 아이들은 성실한 노동자로 한 가정의 가장으로 살아가고 있다. 그리고 나는 여전히 공부방에서 그 아이들을 닮은 또 다른 아이들을 만난다. 또 여전히 날마다 아이들이 더 바르고 현명해지도록 바꾸고 싶어 하는 나 자신과 맞닥뜨린다. 그러면 그때마다 다시 이 기도문을 왼다.

동화작가입니다. 인천 만석동에 살면서 20여 년 동안 공부방을 해왔습니다.
팔삭둥이로 태어난 탓에 또래 아이들보다 여리고 약했던 그는
어려서부터 힘세고 잘난 사람들보다는
늘 못나고 약한 이들에 대한 관심이 많았다고 합니다.
지은 책으로는 가난한 동네를 터전으로
고단한 삶을 살아가는 이들의 모습을 따뜻한 눈길로 담아낸
《괭이부리말 아이들》과 《종이밥》《거대한 뿌리》
《우리 동네에는 아파트가 없다》《내 동생 아영이》가 있습니다.

넌 남들과 다른 눈으로 세상을 보니까

박누리

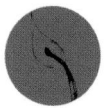

 비록 지금은 한참 모자라는 글 솜씨로 칼럼도 쓰고 번역도 하고, 한마디로 어설프게나마 글쟁이 대열에 발을 들이밀었지만, 대학교 1학년 때만 해도 나는 내가 글을 쓰게 되리라고는 상상도 하지 못했다.

 나의 전공은 글이나 그림과는 거리가 멀어도 한참 먼 금융 정책이었고, 학창 시절 줄곧 달고 다녔던 자칭 타칭 문학소녀 타이틀과 달리 돈과 숫자에 파묻혀서 일생을 보내게 될 것이라고 굳게 믿고 있었다. 게다가 대학을 다닌 곳이 우리나라도 아닌 미국이다 보니 제 나라 말도 아닌 영어로 글을 쓴다는 것은 말 그대로 어불성설이었다.

남의 나라에서 처음 시작하는 유학 생활이라 아무래도 영어 공부를 좀 해야 할 것 같아 마음에도 없는 영문학 작문 수업에 등록을 했다. 그런데 신입생 지도 교수이기도 했던 담당 교수가 얼마나 깐깐하고 까다로운지 한 학기 내내 스트레스가 이만저만이 아니었다.

완벽한 글을 요구하는 그 교수의 눈에, 완벽은커녕 영어도 제대로 못 하는 내 글이 만족스러울 리 없었다. 끝내 학점을 주지 않겠다는 교수의 으름장에 그야말로 패닉 직전까지 갔는데, 불면증과 위경련에 시달리는 내 꼴을 보다 못한 학교 병원 주치의가 전화로 한두 마디 하자, 그제야 2학기까지 계속 자기에게 작품을 제출한다는 조건 하에 겨우 합의(?)를 해주었다.

한 학기 동안 시달린 것만으로도 끔찍한데 2학기까지 그 교수에게 계속 글을 써내야 한다니 하늘이 무너지는 것 같았다. 하지만 신입생 지도 교수에게 찍히는 것도 무섭고, 학점을 받으려면 어쩔 수 없는 일이라 2학기가 절반이 지나도록 요구하는 대로 과제를 써냈다.

마침내 길고 긴 시간들이 지나가고, 교수와의 마지막 미팅 날이 왔다. 마지막 날이니 뭔가 일장연설을 기대했는데 의외로 교수는 급한 일정이 있다며 사무실 앞에서 이전에 제출했던 페이퍼들만 돌려주었다. 첫 시간과 마찬가지로 한 장 한 장 작고 꼼꼼한 글씨로 종이 가득히 코멘트가 쓰여 있었다. 꾸벅 인사하고 안도의 한숨과 함께 등을 돌리려는 나에게 교수는 1과 1/2학기 동안 한 번도 보여 준 적 없는 멋진 미소를 지으며 이렇게 말했다.

"앞으로 계속 정진해라. 넌 분명히 좋은 작가가 될 거야. 넌 남들과 다른 눈으로 세상을 보거든."

그 교수에게서 들었던 처음이자 마지막 칭찬이라 살짝 감동을 받았지만, 작가가 될 생각은 전혀 없었기에 이후로 나는 두 번 다시 영문학 수업을 듣지 않았다. 게다가 휴학을 밥 먹듯이 하면서 그 교수를 다시 만날 일은 더더욱 없었다.

하지만 운명의 장난인가, 요즈음 전공인 금융 정책과는 전혀 다른, '글쟁이'가 되어 가고 있는 나를 보면서 간혹 그 교수가 웃으며 던졌던 그 한마디가 떠오르곤 한다. 그리고 "이런 시선으로 그림을 볼 수도 있구나 싶어서 참 좋다"는 독자들의 격려를 받을 때마다 다시 학교로 돌아가 다시 그 교수 밑에서 글 쓰는 공부를 해볼까 하는 얼토당토않은 생각을 하며 혼자 싱긋 웃는다.

싸이월드 페이퍼에 올리기 시작한 그림 감상이
누리꾼들 사이에서 입소문을 타면서 인기 작가로 떠올랐습니다.
미술 관련 서적들을 우리말로 옮겼으며
그림 에세이 《꿈을 꾸다가 베아트리체를 만나다》를 지었습니다.

반장이었던 내가 잃어버린 학급비를 찾느라

허둥대고 있을 때 선생님이 말씀하셨다. "인호야, 없다고 생각하면서 찾지 말고, 있다고 생각하면서 찾아라." 온 주머니를 다 뒤져도 나오지 않자 더욱 조바심이 나 허둥대고 있는데, 선생님은 또 이렇게 말씀하셨다. "인호야, 두 다리를 땅 위에 꼭 붙이고 찾아라."

우리는 평생을 통해 무엇을 찾고 끊임없이 무엇을 발견하고 있다. 그러나 우리가 목표하고 있는 그 무엇이 없다고 생각하고 찾는 것보다 있다고 생각하며 찾는 것이야말로 바로 희망이다.

_ 최인호(소설가)

숟가락은 저렇게 큰데

유용주

점심시간에 일식집 주방 안은 전쟁터였다. 각종 매운탕 그릇이 작은 봉분을 이루는 사이 가스불은 도처에서 펑펑 터지고 회정식과 어묵백반과 장어구이와 전복죽이 날아다녔다. 뚝배기를 닦는 고정된 자리는 없었다. 맨 밑바닥 하수구가 흐르는 곳이 자리라면 자리였다. 고춧가루가 범벅이 된 장갑으로 뚝배기를 닦았다.

점심시간이 끝나면 고참들은 모두 쉬러 가고 어두컴컴한 주방에서 칼을 갈았다. 칼을 갈다 보면 졸리기도 했지만 꿈을 꾸는 것 같았다. 모양과 크기가 다른 각종 칼들을 거친 숫돌과 부드러운 숫돌에 번갈아 갈다 보면 내가 칼을 가는지 칼이 내 몸을 가는지 몰랐다. 그러다 보면 지문이 없어지고 토성 띠나 목성 띠 같은 상처가 생겨 핏물이 배어 나왔다. 상처는 뼛속까지 아렸다. 그 아픔은 너무 느리게 오기 때문에 처음에는 베인 것 같지도 않았다.

어쩌면 인생이란 뼈를 갈고 사는 것인지도 모른다. 뼈를 갈고 갈아 쌀뜨물처럼, 몸에서 뼛가루가 모두 빠져나가면 사람은 죽는 것이다. 아픔은 뼈의 중심부에서 모세혈관까지 천천히 퍼져 나갔다.

내 인생을 통틀어 영혼을 울리는 말 한마디가 없었다. 말보다는 주먹이, 주먹보다는 주걱이나 망치가 먼저 날아왔다. 그러나 바로 그때, 얻어터지는 순간, 시는 매운탕처럼 끓어올랐다. 어떠한 경우에도 문학을 포기한 적이 없었다.

땀과 생선 내장과 그을음과 핏물 범벅이 된 작품을 써서 시 창작 모임에 나갔더니 스승께서 한 말씀 하셨다.
"숟가락은 저렇게 큰데……."

치열하게 살아낸 삶의 흔적들을 건강한 문체와
가슴 시리도록 아름다운 언어로 담아내는 시인입니다.
1991년 〈창작과 비평〉에 시를 발표하며 작품 활동을 시작했고,
시집 《가장 가벼운 짐》 《크나큰 침묵》, 산문집 《그러나 나는 살아가리라》
《쏘주 한 잔 합시다》, 성장소설 《마린을 찾아서》 등을 썼습니다.
상처 위에 돋아난 새살처럼 그의 글들은 따뜻함과 희망을 전해 줍니다.

최하를 알아야 최고가 될 수 있다

이상벽

언젠가 군대 가는 아들에게 이런 말을 해준 적이 있다. "최하를 알아야 최고가 될 수 있다." 훈련 중에 혹독한 벌을 받게 되더라도 그런 마음으로 받아들여야 한다는 당부였다. 나도 그런 심정으로 고통을 이겨낸 경험이 있었기 때문이다.

황해도에서 피난 오신 아버지는 가난한 월급쟁이였다. 7남매 중 장남이었던 나는 빠듯한 아버지의 월급 생활에 쫓겨 학비조차 변변히 내본 적이 없었다. 당시로선 대부분이 어려운 환경 속에서 자랄 수밖에 없었지만, 수학여행 한번 따라가 보는 게 소원이었을 만큼 가난의 무게가 힘겨웠다.

자칫 비뚤어질 수도 있었던 그 소년 시절에 우연히 책에서 발견한 한 구절이 바로 '최하'와 '최고'의 함수 관계였다. 이후 기자 생활을 거쳐 오늘의 방송 생활에 이르기까지 어려움이 느껴질 때마다 마음속으로 되뇌는 각오가 나도 모르게 '옹이'로 박혀 있다.

요즘도 방송이 끝나고 나면 헬스클럽에 들러 하루 4km씩 뛰고 있다. 벌써 10년째다. 또 주말엔 어김없이 산엘 오른다. 백두산에서 한라산까지 웬만한 산은 거의 다 밟아 본 셈이다.

어찌 보면 별반 재미도 없는 그 일을 '최하'를 즐기는 기분으로 반복하고 있다. 내겐 아직도 최하를 감당할 만큼의 여력이 남아 있다. 그 식지 않은 에너지로 요샌 사진 작업에 매달려 있다. 기자 생활과 방송인을 거쳐 인생 삼모작의 불을 붙였다고나 할까. 또 다른 '최하'가 즐겁다.

이상벽

옆집 아저씨 같은 친근함과 구수한 입담으로
시청자들의 마음을 사로잡은 베테랑 방송인입니다.
《경향신문》기자로 시작, 1968년 CBS 라디오 진행으로 방송에 데뷔했습니다.
사진작가로도 변신, 2005년에는 '나무'를 주제로 전국을 누비며
찍은 사진으로 전시회를 했습니다. 2010년 12월부터
한국저작권단체연합회 이사장으로 일하고 있습니다.

기쁠 때 기뻐하고 고요할 때 고요하라

원담

 인도는 몹시 더운 나라이다. 우리네의 겨울에 해당되는 계절에도 낮의 온도가 27~28도까지 올라가서 더위를 체질적으로 싫어하는 나 같은 사람은 낮에 여행을 하기가 두렵다. 그러나 인도 북쪽의 히말라야 산악지대에 가까워지면 겨울엔 추위를 느낄 정도의 계절 맛을 볼 수 있다.

 인도의 서북쪽 작은 마을 리시케시. 나는 여러 번 그곳을 방문하였다. 마을의 한가운데로 히말라야의 만년설 강이 흐르고 그 강을 사이에 두고 아쉬람이라는 명상센터와 일반 집들이 옹기종기 모여 있는 아름다운 마을. 그곳에서 한 프랑스 부부를 만나게 되었다.

그들은 명상을 배우러 온 초로의 부부였는데, 나이에 어울리지 않게 우리가 묵었던 게스트하우스의 정원에서 어린아이처럼 장난을 치며 놀기도 하고 시장에서 물건을 구입하는 모습은 젊은이처럼 활기차게 보였다. 생활이 건강하고 삶의 기쁨을 누릴 줄 아는 부부였다.

며칠 후 아쉬람에서 좌선을 마치고 숙소로 돌아오는 배를 타기 위해 나루터로 가는 길이었다. 먼저 와 배를 기다리는 그 부부와 우연히 마주치게 되었다. 서북쪽으로 길게 늘어진 산등성이 너머로 해는 기울고 마지막 배 손님을 기다리는 시간이었다.

조용히 서로에게 등을 기대고 하늘을 바라보는 모습이 평소 같지 않아서 오늘은 왜 이렇게 조용하냐고 말을 붙이니 부부는 빙그레 웃는다. 그러더니 그 부인이 말했다.

"스님, 평소와 다를 바가 없습니다. 기쁘고 즐거울 땐 그렇게 생활하는 것이고 고요히 지내고 싶을 땐 지금처럼 고요히 있을 뿐입니다."

아니, 이 서양 사람들이? 인도의 나루터에서 서양인에게 법문을 듣다니, 한 방 맞은 기분이었다.

그 후 지금도 한국의 사찰을 찾아오는 외국인을 보면 그때가 떠오르곤 한다. 그리고 똑같은 말을 그들에게 들려

준다.

"수행은 기쁠 때 기뻐하고 슬플 때 슬퍼하고 고요할 때 고요할 줄 아는 것입니다."

내 얘기를 듣는 서양인의 얼굴 너머로 리시케시 강가에서 보았던 그 부부의 모습이 떠오른다. '기쁠 때 기뻐하고 고요할 때 고요하라'는 말이 나를 문득문득 일깨운다.

원담

조계사 주지를 맡고 있다 얼마 전 수국사로 자리를 옮겼습니다.
희곡 쓰는 스님으로도 세간에 널리 알려져 있는 그는
〈뜰 앞의 잣나무〉〈지대방〉의 극본을 썼습니다.
여행 산문집 《걸망 속에 세상을 담고》를 펴냈으며,
평생 열 편의 희곡을 남기겠다는 목표를 가지고 있습니다.

변덕!

권택영

 일생을 움직인 단 한 마디의 말을 나는 찾지 못한다. 너무 많아서다. 아주 오래전, 미국에서 공부하던 첫 해에는 "네가 다른 사람을 만나기 싫으면 문 앞에 '변덕'이라고 써 붙이고 아무도 만나지 않아도 좋다"는 말을 읽고 온몸에 힘이 솟았던 기억이 있다.

 영문학 교수들의 총알처럼 빠른 강의를 알아듣지 못해 녹음기를 교수 앞에 놓고 녹음해도 여전히 어떤 부분은 귀에 들어오지 않았던 시절, 그만 포기하고 돌아갈까, 자주 생각했다. 그 시절에 내가 왜 '변덕'이라는 말에 힘을 얻었는지 모르겠다.

그 말은 오히려 요즈음처럼 이 일 저 일 잡무에 시달릴 때, 정말 내가 하고 싶은 일은 저기 있는데 줄곧 여기에서 하나 끝나면 그다음 일로 날아다니는 현재의 나 자신에게 딱 어울리는 말이다.

아마 에머슨의 〈자긍 Self-Reliance〉에 나오던 그 말을 듣고 나는 "그래 난 혼자 설 수 있어. 난 할 수 있단 말이야"라고 자신을 달랬던 것 같다. 도대체 왜 '변덕'이라는 단어를 자신감으로 해석했었을까. 타인의 눈치를 보고 타인에 의해 살아가는 용기 없는 사람은 변덕을 부리지 못한다.

몇 년 전 '어떤' 베스트셀러가 있었다. 얇은 수필 같은 소설이었는데 모여 앉으면 사람들이 왜 그 책이 그렇게 많이 팔리는지 모르겠다고 입을 모았다. 나는 순전히 그 이유를 알아보려고 그 책을 읽었는데 정말 특별한 것을 느끼지 못하고 책을 덮었다. 그리고 바로 그 순간 문장 하나가 책 껍질을 뚫고 톡 튀어 올라왔다. 그 책의 마지막 부분에 이런 말이 나왔다.

"제발 날 좀 그냥 내버려 둬."

바로 그 말이 그토록 많은 사람들이 책을 사서 읽은 이유 같았다. 날 좀 내버려 두라니, 누가 건드리는 것도 아닌데……. 아니다. 세상은 나를 끊임없이 만지고 더듬고 쓰

다듬고 꼬집으면서 나를 지켜보고 나무랐다. 칭찬은 아주 조금이고 언제나 불만에 가득 차서 나를 응시했다.

제발 날 좀 내버려 둬. 나는 아무도 의식하지 않고 나 하고 싶은 대로 하고 싶다. 실컷 게으르고 실컷 먹고, 정말 하고 싶은 일만 하며 살고 싶다. 그런데 피자를 먹으려면 다이어트가 나무라고, 쉬려면 핸드폰이 울리고, 아침마다 이메일을 돌보지 않으면 무슨 일이 반드시 터진다. 점점 더 빨리 하라고 명령하고 재촉하는 그것들은 문명의 이기가 아니라 문명의 장난 같다.

전철에 앉아 있으려니 내 옆 학생은 손바닥만 한 납작한 검은 물체를 손 안에 놓고 열심히 들여다본다. 힐끗 보니 영화다. 이제는 이야기도 우리를 놓아 주지 않는다. 날 좀 내버려 둬.

그렇지만 아직도 나는 문 앞에 변덕이라고 써 붙여본 적이 없다. 그저 밤마다 이야기를 졸라 대던 내게 비슷한 이야기를 들려주던 엄마를 보며, 처음 듣는 척하던 시절을 그리워할 뿐이다.

요즈음 나를 매혹하는 말은 "50살이 되면 하늘의 뜻에 따라 살고 70살이 되면 가슴의 뜻에 따라 산다"는 공자의 말이다. 세상을 살다 보니 내가 아무리 노력해도 되지 않는 일이 있고 전혀 뜻하지 않은 일이 이루어지기도 한다. 삶은 죽음이라는 하늘의 뜻을 따르는 과정이고 그래서 겸손하게 살라는 의미 같다.

하늘의 뜻에 점점 가까워지면 우리는 아무것도 가져갈 것이 없음을 깨닫는다. 하다못해 입던 옷 한 벌, 쓰던 밥그릇 하나도 가져가지 못한다. 그러니 세상 눈치를 볼 필요 없지 않은가. 지나치게 가지면 두고 가기 아깝고, 지나치게 높아지면 내려오기 힘들다.

아, 나는 이제야 단 하나의 말을 찾았다. 변덕이다. 변덕을 부릴 나이가 가까워 오고 있다는 사실이다.

권택영

문학평론가이자 경희대 영어학부 교수입니다.
미국 네브래스카 대학 영문과에서 석사와 박사 학위를 받았고,
버클리 대학 영문과에서 비평이론을,
켄트 주립대에서 라캉과 도道에 관해 연구했습니다.
《영화와 소설 속의 욕망 이론》《소설을 어떻게 볼 것인가》 등을 썼습니다.
1997년 김환태평론상을 수상했으며, 한국라캉과정신분석학회,
미국소설학회의 회장을 역임했습니다.
장자를 비롯한 동양사상과 서구이론의 접목을 시도하고 있습니다.

너의 잠재력에 점수를 더 주어라

임은주

어렸을 때부터 운동을 해서인지 나는 남달리 도전 의식이 강하고 한번 목표를 세우면 죽기 살기로 덤비는 성격이다.

대학을 졸업하고 잠깐 동안 직장 생활을 하다 이화여대에 선수 겸 체육대학원생으로 입학했을 때다. 우연찮게 축구부 코치를 맡았는데, 어느 날 체대 학장이었던 홍양자 선생님이 나에게 꿈이 무엇이냐고 물으셨다. 당시 선생님은 우리나라 대표단이 세계선수권대회나 올림픽에 출전할 때마다 단장이나 여자팀 총감독으로 활약하고 계셨다.

나는 주저 없이 대표팀 감독이라고 말씀드렸다. 그런

내게 선생님은 미국으로 건너가 영어를 배우고 더 큰 꿈을 가지라 하시며 많은 비전을 제시해 주셨다. 나는 그분과 같은 한국 최고의 체육 여성 지도자가 되고 싶었다.

그러던 어느 날 선생님이 뜻밖의 제안을 하셨다. 방학을 이용해 미국 테네시에 있는 네슈빌에 함께 가자는 것이었다. 네슈빌은 선생님이 박사 과정을 밟으신 곳이었다. 그해 여름 선생님의 손에 이끌려 2개월 동안 미국을 여행했다.

그러면서 나의 시야는 참으로 많이 넓어졌다. 선수로 외국을 다녀올 때와는 사뭇 달랐다. 운동 외에 내가 할 수 있는 분야가 무궁무진하다는 것을 알았다. 특히 스포츠 마케팅이나 체육 행정, 스포츠 외교 분야에 관심을 갖게 되었고, 욕심을 내어 도전해 보고 싶은 용기도 생겼다.

그로부터 1년 후 나는 국제심판자격증을 취득하는 데 필요한 어학공부를 핑계 삼아, 다시 미국으로 건너갔다. 나는 미국에서 지독한 고생을 하고 싶었다. 운동으로 다져진 정신력을 바탕으로 사회 밑바닥부터 철저하게 미국 사회를 배우고 싶었고, 영어는 못하지만 내가 무엇을 얼마나 해낼 수 있는지 자신을 시험해 보고 싶었다.

나는 월요일에서 금요일까지는 네슈빌 시내에 있는 다

운타운에서 빌딩 청소를 했고, 수업이 끝난 후에는 스포츠 용품점에서 시간제 아르바이트를 해 수업료, 생활비 등 미국 생활에 필요한 모든 경비를 스스로 벌었다.

또 축구 시합이 열리는 주말에는 매주 토요일 세 경기, 일요일 두 경기 심판을 자청해, 현지 심판들과 판정을 놓고 토론하는 등 많은 경험을 쌓았다. 그리고 9개월 뒤 한국으로 돌아와 한국 축구사상 여성으로는 처음으로 축구 국제심판 자격증을 획득했다.

지금도 나는 나의 잠재력을 발견하고 확인해 가는 과정이라고 생각한다. 아시아 여자 축구심판으로는 처음으로 월드컵, 올림픽 결승 라운드에 섰고, 많은 나라에 초청되어 말레이시아 남자 프로축구 경기 주심, 북중미 골든컵 심판 등을 맡았다. 또한 세계 최초 남자 프로축구 전임심판, 세계 최초 남자 FIFA 매치 여자 국제심판 기록 등을 남겼다.

주변 사람들이 내게 더 이룰 것이 있냐고 물으면 나는 웃으며 말한다. 이제 내 도전은 시작일 뿐이라고. 도전의식을 심어 준 그 한마디가 아니었다면 지금의 임은주는 없었을지도 모른다.

그를 소개하려면 '최초'라는 수식어를 빼놓을 수 없습니다.
국내 첫 여성 축구심판, 아시아 여성 축구심판 최초 월드컵과
올림픽 결승전 심판, 세계 최초 남자 프로축구 전임심판,
세계 최초 남자 FIFA 매치 여성 국제심판…….
2005년 국제심판 은퇴 후에도 아시아 축구연맹 최초 여성위원, 최연소 위원,
엘리트 심판강사, 심판 감독관, 경기 감독관, 세계 최연소 FIFA 심판 강사 등
축구 역사에 새로운 기록들을 남기고 있습니다.

조계산 자락이나 쳐다보다 가거라

정찬주

　불가佛家의 스승이신 법정 스님과의 인연을 꺼내려 한다. 벌써 20여 년 전의 일이다. 나는 스님의 책을 만드는 일로 가끔 불일암에 내려가곤 했다. 그런데 불일암에 도착하면 스님께서는 일부러 사무적인 얘기를 짧게 끝내시고는 내게 자연과 접할 휴식의 기회를 많이 주셨다.
　내가 스님의 제자라고 하니, 스님 문하에 들어가 고된 수행이나 어떤 가르침의 단계를 거쳤다고 오해할 분이 있을지 모르겠다. 결론부터 얘기하자면 그건 아니다. 스님께서는 내게 이래라저래라 하고 말씀하시기보다 당신의 삶을 구름에 달 가듯이 언뜻언뜻 보여 주셨을 뿐이다.

불가에 이런 얘기가 전해지고 있다. 한 젊은이가 고명한 선사를 찾아가 제자가 되었다. 제자는 선사에게 많은 가르침을 기대하고 하루하루를 보냈다. 그러나 선사는 그 젊은이에게 아무것도 가르쳐 주지 않았다. 젊은이는 3년을 넘기면서 화가 나 "큰스님, 왜 저에게 아무것도 가르쳐 주지 않습니까?" 하고 항의했다. 그러자 선사가 "너는 3년 동안 물 긷고 나무 하고 도량 청소를 하지 않았느냐. 그게 나의 가르침이다"고 깨우침을 주었다는 얘기다.

그렇다. 나는 그렇게 스님을 가끔 뵙는 것만으로도 많은 것을 배웠다. 불일암 뜰에는 '길이 아니면 가지 말라'고 세워둔 간판이 있는데, 나는 그 간판을 떠올리며 '인생길'을 선택하는 데 내가 가야 할 것인지, 아닌지를 늘 자문하고 답을 얻어 왔던 것이다.

스님께서는 무슨 일을 하는 데 있어 가능한 뒤로 미루시는 법이 없었다. 급한 스님의 성격 때문만은 아니었다. 지금 이 순간을 잘 사는 것이 인생을 낭비하지 않는 것이라고 말씀하셨다. 언젠가 여름에 내려갔을 때, 불일암 처마 끝에 딸린 풍경이 하나 사라지고 없었다. 풍경이 어디로 갔냐고 여쭈었더니 며칠 전 태풍이 지나갈 때 너무 시끄러워 비바람이 몰아치는 한밤중에 사다리를 놓고 올라

가 떼어 버렸다고 얘기하셨다. 나 같으면
귀를 막고 잤을 텐데 스님의 행동방식은
그랬다.

  나는 서울로 올라와 인사동으로 나가 망치로 두들겨 만든 방짜유기 풍경을 주문했다. 청아한 불일암 풍경 소리를 다시 듣고 싶어서였다. 그런데 훗날 불일암에 가보니 그 풍경은 미풍에 꿈쩍도 안 했고, 스님은 '태풍의 대변인'이라고 웃으셨다.

  한편 스님께서는 무엇을 장황하게 말하거나 아는 체하는 것을 극도로 싫어하셨다. 이따금 젊은 스님들이 찾아와 스님께 설법을 들으려 하면 호두알만 한 사탕을 주어 입 안에 넣게 하고는 "조계산 자락이나 쳐다보다 가라"고 하셨다. 남의 말에서 지혜를 찾기보다는 침묵 속에서 스스로 체험하라는 뜻인 것 같았다.

  내가 직장 생활이 답답하여 스님을 뵙고 퇴직을 상의하자 스님께서 "다니고 싶은 마음과 그만두고 싶은 마음이 어떤가" 하고 물으셨던 기억이 난다. 그때 나는 "다니고 싶은 마음이 49퍼센트, 그만두고 싶은 마음이 51퍼센트입니다"라고 말했는데, "그렇다면 그만두라"고 하셨다. 그 1퍼센트의 마음이 좌절했을 때 극복의지가 될 거라고 하시던 스님의 말씀이 잊히지 않는다.

    나는 직장을 그만두고 산중에 들어와 용케 8년을 잘 버티고 살고 있다. 스님께서 가정방문을 오겠다며 전화를 하고 다녀가시기도 했다. 다행히 스님께서는 스님의 책 《홀로 사는 즐거움》에서 '건강하게 잘 살고 있다'는 촌평을 하셨다.

    10여 년 전이었을 것이다. 나는 스님 정수리에 난 상처에 연고를 발라드린 적이 있다. 스님이 사시는 강원도 산중의 오두막은 문설주가 낮아 키가 큰 스님께서 방으로 들어가시다 그 부분을 다치신 것이었다. 그때 스님께서 "예전 같으면 당장 문을 뜯어고쳤겠지만 지금은 내가 고개를 숙이고 들어간다"고 하시던 말씀이 귓가에 선하다.

정찬주

불교적 사유가 배어 있는 글쓰기로
지난 30여 년 동안 명상적 산문과 소설을 발표해온 소설가입니다.
법정 스님의 책들을 10여 권 만들었고, 그것이 계기가 되어
법정 스님으로부터 '무염(無染)'이란 법명을 받은 바 있습니다.
'이불재(耳佛齋)'라는 집을 짓고 늘 마음속으로 그리던 남도 산중에서
농사를 짓고 있습니다. 저서로는 《산은 산 물은 물》
《만행》《암자로 가는 길》《크게 죽어야 크게 산다》
《그대만의 꽃을 피워라》 등이 있습니다.

기술이 아니다, 인격이다

안성기

1980년대는 내게 여러모로 행운을 가져다준 시간들이었다. 지금의 아내와 결혼하여 가정을 꾸렸고, 좋은 영화들을 만날 수 있었던 덕택에 굵직한 상도 몇 개 받으며 차츰 영화인으로 자리를 잡을 수 있었다.

그러나 당시, 내 마음속에 '과연 훌륭한 배우는 어떤 배우일까' 하는 물음이 생겼고 해답을 찾지 못한 채 방황하기 시작했다.

어느 날 나는 우연한 기회에 답을 찾을 수 있었다. 최인호 형의 원작인 〈깊고 푸른 밤〉에 캐스팅되어 촬영을 하고 있을 때였다.

여관방에서 밤새 시나리오 작업을 하는 감독과 형에게 가끔 먹을 것을 사들고 가서 일도 도와주고 이야기도 나누었는데 내 마음을 읽었는지, 인호 형이 내게 이렇게 말했다.

"모든 일에 있어서 기술적인 것보다는 인격적인 것이 앞선다고 생각한다. 영화도 마찬가지야. 좋은 사람이 좋은 연기를 하고 좋은 영화도 만들 수 있겠지."

바로 그 말이 내게 해답을 주었다. 육체와 마음이 건강해야 살아 있는 연기를 할 수 있고 그렇게 함으로써 작품을 빛낼 수 있는 것이다.

훌륭한 인격자가 바로 훌륭한 배우의 밑거름이라는 중요한 사실을 깨닫게 해준 말이었다.

대한민국 모든 국민이 인정하는 '국민배우'입니다.
여섯 살 때 김기영 감독의 〈황혼 열차〉에 출연한 이래
아역배우로 사랑받았으며, 1980년부터 현재까지 〈고래사냥〉
〈칠수와 만수〉〈실미도〉〈라디오스타〉〈부러진 화살〉 등 100편 이상의
영화에 출연했습니다. 그에게 현장은 촬영이 이루어지는 곳만은 아닙니다.
각종 영화제 활동과 한국 영화의 발전을 위해서도 힘쓰고 있습니다.

악惡은 선善의 부족 상태

이석우

누구에게나 고뇌의 시절이 있지만 대학 시절의 나는 선과 악의 본질 그리고 죄에 대해 퍽이나 예민했다. 그 문제의식은 두 가지 이유에서 나를 압박했다.

하나는 역사학도로서, '역사에서 전쟁과 미움, 파괴와 고통과 같은 악이 왜 있어야 하는가? 그 근원은 어디에 있는가'에 대한 회의였다. 인간의 본성이 선하다면 지난 수천 년의 역사 속에서 억압과 불평등, 억울함은 없어야 했다.

반면 인간의 본성이 악하고 악이 실재한다면 역사 속에서 우리가 한 노력들은 부질없는 자기 낭비에 불과한 것이 아닌가. 선과 악이라는 이분법적인 잣대로 단순화하여 역사를 해석하기엔 사람은 너무 복잡한 존재인 듯했다. 솔직히 그런 양자택일의 논법으로는 답할 수 없는 부분이 너무도 많았다.

다른 하나의 압박은 개인적인 좌절감과 연결되어 있었다. 스스로 선하게 살려고 몸부림쳤지만, 곧 무너지고 마는 나 자신이 너무도 원망스러웠다. 욕망이라는 이끌림에 거부할 수 없이 끌려 가는 나의 무력한 모습이 초라하게 느껴졌다. 더구나 '언제까지, 어디까지일 것이냐'에 대해 자기 가늠조차 어려웠음에랴.

그래서인지 악을 행하는 것이 나의 탓인가 아니면 어쩔 수 없는 외적 요인에 의한 것인가 하는 투정 어린 불평까지 했다. 악이 실체라면 그 탓은 일차적으로 악 자체에 돌려져야 한다. 그만큼 인간의 책임은 가벼워진다. 반면 악이 실체가 아님에도 악을 행하고 죄를 저지른다면 인간의 책임은 훨씬 무거워진다.

아우구스티누스도 젊은 시절에 이런 번민에서 자유롭지 않았던 것 같다. 그의 《고백록》에는 오만과 그릇된 쾌락에의 탐닉으로 전율하던 괴로움이 곳곳에 나타나 있다. 어쩌면 그의 젊음은 악과 죄에 대한 끊임없는 의문과 탐구의 과정이었다고 해도 지나치지 않을 것이다.

그 문제에 대한 해답 없이는 결코 신에게 귀의할 수 없었을 것이다. 신이 완전한 선善이라면 악은 어디서 오는 것인가에 대한 답을 얻을 수 없기 때문이다.

아우구스티누스는 신플라톤주의를 거쳐 회심回心에 이르며 '악은 실체가 아니라 선의 부족 상태'라는 결론에 도달한다. 이는 사람에게 자유와 함께 주어진 선택의지의 문제로 적용된다. 요컨대 선한 의지가 충일하면 선의 의지대로 행하고, 그 반대로 결핍되면 악을 저지르게 된다는 것이다. 인간에게 악과 죄에 대한 자율적 책임이 주어지는 셈이다.

때로 이토록 인간에게 많은 책임을 내어 맡긴 신에게 불평하기도 했다. 그러나 생활 속에서 아주 편리한 불〔火〕이 화재의 위험이 있다고 해서 이를 제거해 버리자는 사람은 못 봤다. 우리의 눈이 나쁜 것도 보고, 입이나 말이 남을 비난하고 욕을 한다고 해서 봉해 버리겠다는 사람도 아직 만나지 못했다. 추한 것 속에도 아름다움이 있고 악인으로 보이는 사람에게도 따뜻한 모정은 있다. 그리고 욕망이 꼭 부정적인 것만도 아니다.

문제는 이들을 어떻게 선한 의지로 충일하게 하느냐에 있다. 여전히 문제들은 남아 있다. 무의식과 선한 의지와의 관계는 무엇이며 우리가 바르게 의지하지 못할 때 어디에서 도움을 얻어야 하는가이다. 그러나 분명해진 것은 우리의 선한 의지가 얼마나 중요한 것인가이며 악은 다만 선의 부족 상태라는 그 본질을 이해할 때 타인을 이해하고 자기를 사랑하며 상대를 관용할 수 있는 길이 넓게 열리리라는 점이다.

이석우

그림을 통해 역사, 시대의 모습을 읽어온
역사학자이자 미술평론가입니다. 중학생 시절 미술에 매료된 이래
어딜 가나 자투리 시간이면 그림을 그려왔다는 그는
역사와 미술이 만나는 공간을 탐구해 왔습니다. 《역사의 숨소리, 시간의 흔적》
《역사의 들길에서 내가 만난 화가들》《예술혼을 사르다 간 사람들》 등의 책을 펴내고
개인전 '역사의 숨소리, 시간의 흔적(2006)' '박물관에 가면 그림이 그리고 싶다(2011)'를
열었습니다. 현재 겸재정선기념관 관장을 맡아 조선 시대 진경산수화풍을 완성한
정선의 예술정신을 되살리는 일에 몰두하고 있습니다.

여성이기에 더 잘할 수 있다

유순신

"왜 한국 여성은 안 된다는 생각부터 하죠? 여성이기에 더 잘할 수 있지 않을까요?"

1989년부터 1992년 8월까지 재직했던 미국 회사의 사장이 내게 한 말이다. NCH는 화학제품을 생산, 판매하는 미국 회사였다. 세일즈 왕국인 NCH에서 당연히 세일즈맨은 최고의 대우를 받았다. 그동안 나를 눈여겨 본 윌리엄스 사장은 어느 날 나를 불러 세일즈를 해보지 않겠냐고 권유했다.

전부터 해보고 싶었던 일이기는 했지만 '남자도 하기 힘든 세일즈를 여자인 내가?' 하는 생각에 망설였다. 그러자 사장은 "한국 여성들은 왜 처음부터 안 된다는 생각부터 하느냐?"며 의아해했다. 그러면서 그는 동남아시아 NCH지사들의 최고 세일즈맨이 대부분 여성이라는 사실을 주지시켜 주었다.

그의 말에 자신감을 얻은 나는 그 자리에서 그의 제안을 승낙했다. 그리고 세일즈를 시작한 첫 달에 높은 실적을 올렸으며, 6개월 만에 세일즈의 정상에 진입했다.

난 대한항공 스튜어디스 시절에 결혼으로 인해 직장을 그만두어야 했고, 프랑스계 회사에서도 면접 때 기혼자라는 사실을 미리 밝히지 않았다고 총무부장에게 힐책을 들어야 했다. 여성이기에 많은 어려움을 겪었던 나였고, 그러기에 '여자라서 안 돼'라는 생각을 가지고 있었던 것이 사실이다.

이런 고정관념을 깨준 것이 바로 윌리엄스 사장이었고 그는 이후에도 계속 '여자이기에 못 한다'는 고정관념에 도전하도록 나를 채찍질했다.

1992년 국내에선 생소한 분야였던 '고급 인재 추천 서비스 비즈니스'에 도전할 수 있었던 것도 혹독한 세일즈 세계에서 쌓은 경험 덕분이었다. 그리고 이제는 여성으로서가 아니라 한국의 헤드헌터로서 최고의 입지를 굳혔다고 생각한다.

많이 나아지고 있지만 아직도 일하는 여성에게 음성적으로 여러 제약이 있는 것이 사실이다. 법도 바뀌어야 하고, 남자들도 바뀌어야 하지만 그전에 여성 스스로가 먼저 변해야 한다.

여성들이여, 주문을 외자. '여성이기에 안 된다'가 아니라 '여성이기에 더 잘할 수 있다'라고.

'한국 여성 헤드헌터 1호'입니다.
현재는 커리어 컨설팅 전문회사 유앤파트너즈 YOU&PARTNERS의
대표이사로 일하고 있습니다.
낯선 변화를 사랑해 왔다는 그녀는 21세기의 직장인은 누구나
자신의 일과 삶을 꾸미는 디자이너가 돼야 한다고 강조합니다.
《나는 희망을 스카우트한다》《나는 고급 두뇌를 사냥하는 여자》
《변화의 두려움을 사랑하라》 등을 썼습니다.

옛것에 능히 통해야 새것을 안다

정병례

나는 뚝방 아래 개펄이 펼쳐진 영산강 유역의 작은 시골마을에서 태어나 어린 시절을 보냈다. 동강북교에 다닐 때 수업은 대부분 국어와 산수 위주로 하고 미술과 붓글씨 같은 건 숙제로 내주었다. 그런데 나는 열심히 숙제를 해 가면 칭찬은커녕 야단을 맞곤 했다. 선생님이 내가 그린 그림을 보고 형이나 누나가 대신 해준 걸로 오해하셨기 때문이다. 어느 날 방과 후에 선생님 앞에서 직접 그림을 그리고서야 "허참, 솜씨가 제법이구나!" 하셨는데, 생각해 보면 평탄치 않은 예술가의 삶을 살게 되리라는 암시가 아니었나 싶기도 하다.

이십 대 중반, 군에서 제대한 후 한때 섬유회사에 취직한 적이 있다. 맨몸으로 뛰어든 회사에서 차츰 인정을 받게 되자 나는 뭐든 할 수 있다는 자신감을 갖게 되었다. 그래서 앞으로 평생 좋아서 계속할 수 있는 일 하나를 찾아야겠다고 결심했다.

인생의 지향점을 찾아 고민하던 중 나는 우연한 기회에 '전각 전시회'를 관람하게 되었다. 어릴 때부터 붓글씨를 잘 쓰고 손재주가 뛰어나다는 소리를 들었던 나는 전각이라는 분야에 매료되었다. 하지만 그때는 전각이 도장 파는 일로만 여겨지던 시절이었다. 나는 전시회를 획 둘러본 후 인장 새기는 일도 새로운 예술 분야로 발전할 수 있겠다는 생각을 했다.

당장 섬유회사를 그만두고 전각가의 길로 들어섰다. 그야말로 '무지와 무모함에서의 시작'이었지만 그건 분명 '내가 하고 싶은 일'이었다. 주변에 전각을 잘 아는 사람도, 가르쳐 주는 사람도 없었다. 혼자서는 도저히 풀어낼 수 있는 숱한 의문들에 맞닥뜨릴 때마다 내게 길을 열어줄 스승에 대한 목마름은 커져만 갔다. 그렇게 꼬박 10년의 독학······.

1983년, 서른일곱 살의 나이에야 나는 회정懷亭 정문경 선생의 문하생이 되었다. 가르침을 받기 위해 전각의 대가를 수소문하던 끝에 가까스로 맺어진 인연이었다. 그를 통하면서 홀로 고민하던 각법刻法의 난제들이 봄눈 녹듯이 풀려 나갔다. 서예에 속하지 않는, 독자적 분야로서의 전각은 어렵지 않을까 싶었는데 선생을 통해 나는 그 가능성을 확인했다.

스승은 가르침에 있어서 매우 엄격했다. 나는 그간의 공부를 잊고 처음 시작한다는 마음으로 다시 기초부터 배워 나갔다. 서예의 변방으로 인식되던 전각가의 길을 오직 열정 하나로 걸어온 회정의 정신세계를 나는 상당 부분 이어받았다. 하지만 정확하고 꼼꼼하며 정적인 스승과 달리, 동적이며 끊임없는 도전과 변화를 지향한 나는 부딪히는 일도 적지 않았다.

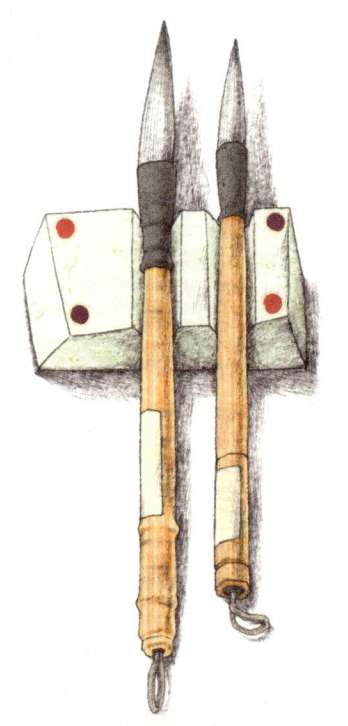

"이보게, 고암. 무조건 앞서가는 것만이 능사가 아니네. 옛것에 능히 통해야 새것을 안다고 했어. 고법古法을 완전히 소화해 내야만이 자기만의 새로운

작품세계가 열리는 것이야."

면전에서의 꾸지람은 청어람靑於藍을 바라는 스승의 속내였으리라. 동료들이 미술대전에서 승승장구할 때 적잖은 나이의 내가 계속 낙방을 하자 주변에서 말들이 많았다. 그때 회정 선생이 "그 사람 아직 때를 못 만나서 그러네. 고암은 창의성과 현대적 조형성이 뛰어난 사람이야. 이제 곧 큰일을 낼 테니 한번 두고 보게"라는 말로 나를 치켜세웠다는 걸 지인을 통해 전해 듣고 가슴에 싸한 여운이 남았다.

사람마다 얼굴 생김이 다르고 팔자가 다르듯이, 스승으로부터 가르침을 받은 제자도 세월과 더불어 분가를 한다. 나가서 잘되면 진보하는 것이고 머뭇거리거나 꺾이면 퇴보라 할 수 있다.

홀로 10년 공부에 이어 회정 선생 문하에서 본격적인 전각 공부를 한 지 10년. 1992년과 1993년은 나에게 커다란 행운과 동시에 삶의 보람을 가져다주었다. 나는 '대한민국미술대전'과 '대한민국서예대전'에서 각각 우수상을, '동아미술제'에서는 특선을, '전연대상전'에서는 금수대상을 연달아 받게 되었고 이후 나의 작업은 온통 현대 전각의 제 위치 찾기에 집중되고 있다.

정병례

호는 고암古巖. 전각 예술가입니다.
단행본 《미쳐야 미친다》, 드라마 〈왕과 비〉, 영화 〈오세암〉의 타이틀이
모두 그의 손으로 만들어진 것입니다. 반기문 유엔 사무총장의
삼족오 직인 등을 제작했으며, 초·중·고등학교 국정교과서에도
그의 작품이 수록되어 있습니다.

사람이 먼저 되고 책을 읽어야지요

최종규

1992년부터 거의 하루도 빠짐없이 헌책방을 다닌다. 책꽂이와 책시렁에 가득한 책을 하나하나 끄집어내고 먼지를 손바닥으로 닦아 가며 보노라면 시간 가는 줄 모른다. 마음을 움직이는 책을 만나면, 주머니에 살림돈이 조금밖에 안 남았어도 있는 대로 탈탈 털어서 사고야 만다. 그동안 이처럼 사서 읽은 책이 여러 만 권 된다.

헌책방에서 산 책은, 그 헌책방 임자가 고물상이고 폐휴지상이고 어디에서고 새벽 일찍 일어나 온몸에 먼지를 뒤집어쓰면서 차곡차곡 모은 알뜰한 그분 재산이다. 한편, 어떤 분이 새로 나온 책을 온돈 주고 사서 읽은 다음 '주머니가 헐거운 사람이 헌책방에서 값싸게 사서 읽어 주기를 바라는 마음'으로 기꺼이 내놓아 준 책이기도 하다.

책을 사면서 "좋은 책을 너무 싸게 주셔서 고맙습니다" 하고 인사를 하면, 헌책방 임자들은 "뭘요, 그런 책을 다 사주니까 제가 고맙지요" 하고 인사를 받아준다. 어느 때부터인가, 헌책방에서 내가 만나고 사는 것은 '책 하나가 아니라 책에 담긴 마음이요, 책 하나에 바친 이분들의 땀방울과 손길'이 아닌가 하는 생각이 들었다.

때때로 헌책방 임자하고 책값 천 원을 놓고 실랑이를 벌이는 책손들을 만난다. "그까짓 책이 뭐 그렇게 비싸다고?" "앞으로 자주 올 테니까 깎아 주시죠?" "내가 아니면 누가 이런 책을 사가?" 같은 말을 '책을 참 많이 보았다는 분'들이 거리낌 없이 내뱉는다. 그러면 옆에서 책을 구경하던 내 마음이 조마조마해진다.

이때 헌책방 임자들은 이렇게 이야기한다. "그렇게 싸구려고 값어치 없는 책을 왜 사가나요? 그러면 제자리에 놓고 다른 데 가보시지요." "언젠가는 책을 알아보는 사람이 있으니 그분이 사가면 됩니다." "책을 귀하게 대접할 줄 모르는 분은 우리 책방에 오지 않으셔도 돼요."
"책보다 사람이 먼저입니다. 책을 보기에 앞서 사람이 먼저 된 다음 오시지요."

 옆에서 이런 실랑이 소리를 듣다가 손에 들고 읽던 책을 덮는다. '책을 즐기는 나는 얼마나 사람다운 사람으로 살고 있을까?'

최종규

인터넷에 '함께 살기'란 방을 꾸리면서
헌책방과 책과 우리말 사랑을 몸소 보여주고 있습니다.
2007년 인천 배다리에 한국에 하나뿐인 사진도서관 '함께 살기'를 연
그는 현재 전라남도 고흥으로 도서관을 옮겨 행복한 삶을 살고 있습니다.
정기적으로 《우리말과 헌책방》이라는 1인 잡지를 내고 있습니다.
저서로는 《뿌리깊은 글쓰기》《모든 책은 헌책이다》
《헌책방에서 보낸 1년》이 있습니다.

있다고 생각하고 찾아라

최인호

TV 프로그램 중에 일주일에 한 번씩 방영되는 〈TV는 사랑을 싣고〉라는 프로그램이 있다. 사회의 유명 인사들이 나와서 자신들의 인생에 큰 추억을 남긴 사람을 몇십 년 만에 찾아 회포를 푸는 프로그램인데 초등학교 때의 선생님이나 마음속으로 짝사랑했던 이성을 찾는 내용이 대부분이다.

내가 그 프로그램을 흥미롭게 보는 이유 가운데 하나는 자신들의 첫사랑을 찾아가는 과정에서 초등학교에 들러 어렸을 때의 학적부를 찾아보는 장면 때문이다. 대부분 주인공의 성적표를 공개하거나 찾는 상대방 짝꿍의 성적

표도 함께 공개하는데, 내가 흥미 있어 하는 것은 성적보다 담임선생님의 소견란이다.

그때그때 담임을 맡았던 선생님들의 의견들이 짤막하게 촌평식으로 적혀 있는 일종의 X파일인데, 내가 놀라는 것은 비록 열 살도 안 된 어린아이들이지만 그 아이들을 정확히 꿰뚫어보고 있는 선생님들의 족집게 같은 직관력 때문이다. '콩 심은 데 콩 나고, 팥 심은 데 팥 난다'는 옛 속담처럼 가수들은 대부분 '노래에 소질이 있음', 개그맨들은 '명랑하고 남 웃기기를 잘함'과 같은 소견을 받고 있다.

그럴 때면 나는 어렸을 때 받았던 성적표에 적힌 담임선생님의 소견이 떠오르곤 한다. 초등학교 5학년 때였던가. 학교에서 받은 성적표가 서랍 속에 있어 들춰 보니 그곳에는 담임선생님의 다음과 같은 의견이 적혀 있었다.

"두뇌는 명석하지만 침착하지 못합니다."

그때 담임선생님은 어린 내게 '서대문 까불이'란 별명을 붙여 주셨다. 선생님의 말씀인즉 서대문에는 구두닦이 하나가 있는데 까부는 것이 나처럼 까불까불해서 그렇게 별명을 붙여 주셨다는 것이었다.

언젠가 한번은 반장이었던 내가 학생들에게서 걷은 학

급비를 따로 보관하고 있다가 잃어버린 적이 있었다. 성미가 급해서 돈을 찾느라고 허둥대고 있는 나를 보시고는 선생님은 이렇게 말씀하셨다.

"인호야, 없다고 생각하면서 찾지 말고, 있다고 생각하면서 찾아라."

온 주머니를 다 뒤져도 나오지 않자, 나는 더욱 조바심이 나서 허둥대고 있었는데 선생님은 또 이렇게 말씀하셨다.

"인호야, 두 다리를 땅 위에 꼭 붙이고 찾아라."

나중에 보니 그 돈은 주머니에 있었던 것이 아니라 책가방 속에 있었다. 그때 선생님이 하셨던 우연한 두 가지 말씀은 이상하게도 잊히지 않고 아직까지도 내 인생에 큰 교훈이 되고 있다.

우리는 평생을 통해 무엇을 찾고 끊임없이 무엇을 발

견하고 있다. 그러나 우리가 목표하고 있는 그 무엇이 없다고 생각하고 찾는 것보다 있다고 생각하며 찾는 것이야말로 바로 희망인 것이다. 돈이 없어졌다고 절망하여 찾는 것보다 어딘가에 돈이 있다는 낙관적인 희망을 갖고 찾을 때 내가 주머니가 아닌 책가방 속에서 그 돈을 쉽게 발견할 수 있었던 것처럼 말이다.

또한 '두 다리를 땅 위에 꼭 붙이고 찾으라'는 선생님의 말씀도 내겐 잊을 수 없는 교훈이다. 우리들은 대부분 착지를 하고 땅에 뿌리를 내리지 못한 채 공중에 둥둥 떠서 부초처럼 살아가고 있다.

그러할 때 우리들은 자기가 주체가 되어 주인공으로 살아가고 있는 것이 아니라 유행에 휩쓸려서 허수아비의 노예처럼 살아가고 있는 것이다.

몇 년 전 베스트셀러가 된 책에 '내가 알아야 할 것은 모두 유치원에서 배웠다'란 제목의 글이 실려 있었다. 마찬가지로 내가 인생을 살면서 진정 알아야 할 것들은 모두 이처럼 초등학교 시절에 배웠던 것이다.

이제 겨우 열 살밖에 되지 않은 묘목에 불과한 어린 나를 정확히 꿰뚫어 볼 수 있었던 초등학교 때의 그 선생님을 향해 나는 감사의 편지를 보낸다.

안녕하세요, 선생님.
선생님이 주신 두 가지 교훈, 무엇을 할 때면 두 다리를 땅 위에 꼭 붙이고 하라는 말씀과 무슨 일이든지 할 수 있다는 마음으로 열심히 하라는 선생님의 말씀 덕분에 경솔하고 침착하지 못한 제가 이나마 글쟁이가 되어 문안인사를 올릴 수 있게 되었습니다. 반세기가 지난 지금에 와서야 선생님께 말씀드립니다. 선생님, 진심으로 감사합니다.

서대문 까불이 올림

이 시대 독자들의 사랑을 가장 많이 받고 있는
소설가 중 한 사람입니다. 1963년 고등학교 3학년 때
《한국일보》 신춘문예에 당선되어 문단에 나왔고,
연세대 영문학과를 졸업했습니다. 《깊고 푸른 밤》으로 이상문학상을 수상했으며,
《고래사냥》《별들의 고향》《길 없는 길》《상도》《유림》을 비롯하여
최근작 《낯익은 타인들의 도시》까지 투병 중에도 끊임없이 집필 활동을 하고 있습니다.
월간 《샘터》에 〈가족〉을 약 35년간 연재한 진기록을 가지고 있습니다.

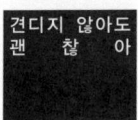

1판 1쇄 발행 2008년 1월 25일
1판 24쇄 발행 2020년 8월 10일

지은이 박원순, 신희섭, 장영희, 최인호, 황주리 외 지음
그린이 김성신
펴낸이 김성구

주간 이동은
콘텐츠사업본부 고혁 현미나 송은하
디자인 이영민
제 작 신태섭
전략마케팅본부 최윤호 나길훈 이서윤 김지원
관 리 노신영

펴낸곳 ㈜샘터사
등 록 2001년 10월 15일 제1-2923호
주 소 서울시 종로구 대학로 116 (03086)
전 화 02-763-8965 (콘텐츠사업본부) 02-763-8966 (전략마케팅본부)
팩 스 02-3672-1873 **이메일** book@isamtoh.com **홈페이지** www.isamtoh.com

ⓒ 샘터, 2008, Printed in Korea.

이 책은 저작권법에 따라 보호를 받는 저작물이므로 무단 전재와 복제를 금지하며,
이 책의 내용의 전부 또는 일부를 이용하려면 반드시 저작권자와 ㈜샘터사의 서면 동의를 받아야 합니다.

ISBN 978-89-464-1710-6 03810

이 도서의 국립중앙도서관 출판시도서목록(CIP)은 서지정보유통지원시스템 홈페이지(http://seoji.nl.go.kr)와
국가자료공동목록시스템(http://www.nl.go.kr/kolisnet)에서 이용하실 수 있습니다.
(CIP제어번호:CIP2008000160)

값은 뒤표지에 있습니다.
잘못 만들어진 책은 구입처에서 교환해 드립니다.